Matthias Mala

NIMM DIR ZEIT
FÜR DEINE SEELE

*Fantasiereisen zu Ruhe
und Klarheit*

Inhalt

Meditative Wege zu sich

Sie wünschen sich Frieden? Sie ersehnen sich Harmonie und Einklang mit Ihrer Welt? Sie suchen nach Ihrem wahren Selbst, wollen Ihre Bestimmung erkunden und Ihrem eigentlichen Sein Raum geben? Ihr Leben soll wieder rund und schön werden? Meditation ist ein Weg zu den Gründen dieser Sehnsüchte. Sie schafft ein solides Fundament, für den Raum, in dem sich Ihre Seele wohlfühlt.

Visionen, Wünsche und Sehnsüchte vom heilen Leben ganz im Hier und Jetzt und ohne belastende Stimmungen beschleichen jeden von uns von Zeit zu Zeit. Dies sind Seufzer der Seele, die sich so äußern. Die Hoffnung nach Linderung entspringt unserer Belastung. Zu schnell jedoch vergessen wir diese Seelenseufzer, halten nicht inne, sondern fädeln uns meist unbedacht sofort wieder in den Alltagstrott ein. Wie Suchtkranke versprechen wir uns dafür ein Morgen, an dem alles besser werden soll. Natürlich ist dieses Morgen

wieder nur ein Heute und damit ein Tag mehr vor einem weiteren Morgen, an dem wir dann endlich einmal ganz sicher unsere Seele baumeln lassen werden.

Meditation zur seelischen und körperlichen Gesundung

In dieser Weise tragen wir unser Seelenleid fort und werden ihm gegenüber allmählich unempfindlich. Die Folge sind seelische Verhärtungen, die uns nur weiteres Leid bescheren. Ein Ausweg aus dieser

Sackgasse ist Meditation. Sie ist ein Mittel zur seelischen und körperlichen Gesundung. Durch Meditation begegnen wir uns selbst in einer unmittelbaren Weise. Das Wort Meditation fußt auf den lateinischen Begriffen für Nachdenken, Messen, die Mitte finden. Tatsächlich sind dies die wesentlichen Elemente jeder Meditation, nämlich: zu sich finden, in sich gehen, sich ausloten. Wobei die Ausformungen sehr verschieden sind, je nachdem, aus welchem kulturellen und spirituellen Hintergrund wir uns mit ihr beschäftigen.

Mehr als Fitness für die Seele

Bei mancher östlichen Meditation ist das Ziel der Vertiefung, durch Gedankenlosigkeit einen Zustand der Erleuchtung zu erreichen. Dagegen steht im Westen die klassische Kontemplation, bei der durch eingehende Betrachtung eines Mysteriums eine geistige Verbindung zum Göttlichen angestrebt wird. Beide meditativen Ausformungen sind sehr eng mit dem jeweiligen religiösen Weltbild verknüpft. Daneben gibt es seit jeher die sinnierende Selbstbetrachtung als einen Weg der Selbstfindung ohne die ausdrückliche Hinwendung an spirituelle Ziele. Dies entspricht meist einer zweckfreien Vertiefung. Meditation als zweckfreie Vertiefung mag oberflächlich betrachtet als eine Form geistiger Wellness erscheinen, sozusagen »Fitness für die Seele«. In ihrem Geschehen ist sie jedoch ein Instrument seelischer Klärung und spiritueller Erfahrung und schließt transzendente Widerfahrung keineswegs aus. Außerdem verlangt eine zweckfreie Vertiefung nicht minder Mut und Vertrauen. Es ist, als würden Sie Ihr Seelenschiffchen einer unbekannten Strömung anvertrauen, in der Hoffnung, irgendwo an guten Gestaden zu landen. Was für sich gesehen ein hübsches Bild für eine eigene Meditationsreise hergäbe. Solange Sie sich eine kindliche Neugier bewahrt haben, wird eine Meditation für Sie stets eine seelische Entdeckungsreise sein. Sie erkunden sich selbst, indem Sie sich aus scheinbarer Distanz betrachten. Dabei ist es nur der veränderte Blickwinkel, der Ihnen diese Distanz vorgaukelt. In Wahrheit rücken Sie sich sehr viel näher, als Sie sich sonst sind. Diese Nähe erfordert Liebe und Anteilnahme mit sich selbst. Sie sehen und erleben sich während einer Meditation meist unverstellt und ohne Vorurteil so, wie Sie sind, und nicht wie Sie sein sollten oder sein wollen. Insofern kommt jede Meditation einem Ausflug in unbekannte Seelenlandschaften gleich. Selbsterkundung, Selbsterkenntnis und Selbstverwandlung gehen Hand in Hand. Das macht Meditation zu einem aktiven Lernprozess. Weil wir uns neu betrachten können, können wir uns auch neu finden.

Mit etwas Glück unser wahres Selbst finden

Folgerichtig sind Meditationsreisen der Gegenstand dieses Buches. Es ist quasi ein kleiner Reiseführer für Ihre Seele. Gefühle, Stimmungen und Gemütsbewegungen sind die Triebkräfte für diese Reisen. Es sind mächtige seelische Energien. Begin-

nen sie zu fließen, werden Sie sie leiten. Sie werden zum Strom der Meditation, dem Sie sich anvertrauen. Mit dem Eintauchen in diesen Strom, führen Sie Ihre eigenen Seelenkräfte. Sie sind es auch, die im Zustand Ihrer Versenkung die Kraft fördern, die Ihre seelische Wandlung und Heilung bewirken wird. Dies ist ein Prozess der geistigen Selbstheilung. Vertrauen Sie Ihrer inneren Führung, werden Sie den Bilderreichtum Ihres Unbewussten heben und ein tieferes Verständnis für sich gewinnen. Dieses Verstehen ist der Beginn jeder seelischen Gesundung. Mit ihr ist oftmals auch der Anstoß zur körperlichen Genesung verbunden. Es ist gleichermaßen eine heilkräftige Begegnung mit sich selbst und womöglich der Beginn einer spirituellen Führung. Derart meditative Versenkung steht stets in einem Spannungsverhältnis zwischen einer erwünschten und einer unerwünschten Gemütslage. Wir wollen dabei eine uns belastende Stimmung gegen eine heitere Seelenlage austauschen. Diese gewollte Wandlung ist bereits der Anfang einer Seelenreise.

6

Wobei sie Sie vor allem dann ans Ziel führt, solange Sie sich an Ihrer gegenwärtigen Stimmung orientieren. Schließlich hat es wenig Sinn, eine schlechte Laune mit aufgesetzter Heiterkeit zu kaschieren. Beginnen Sie Ihre Reise jedoch in der gegenwärtigen Stimmung, wird sie sich, sofern Sie sich wirklich auf sie einlassen, in der Meditation auflösen. Denn Sie bleiben im Hier und Jetzt und damit in der Zeitlosigkeit, in der jede Wandlung augenblicklich möglich ist. Sie beschäftigen sich mit dem, was ist, und nicht mit dem, was sein soll. Allein hierdurch gelangen Sie an ein Ziel, das nicht das Gegenteil der ursprünglichen Bedrückung ist. Es wird vielmehr eine eigene Dimension besitzen. Sie unterbrechen zumindest in geistiger Hinsicht die Kausalkette und stiften einen schöpferischen Impuls.

Zugang zum Unterbewusstsein

Das Unbewusste ist der Wurzelstock unserer Seele. Es ist nicht so geheimnisvoll, wie gemeinhin gedacht. Es ist vor allem ein tiefes sittliches Gefühl, das in ihm verankert ist. Daraus nähren sich unsere Tabus und Vorlieben. Sie beleben seine unglaublich vielseitige Bilderwelt. Gefühl und Vision sind die Sprache des Unbewussten. Meditation bietet die Gesprächsgrundlage für diese wortlose Begegnung. Dieses wortlose Verständnis macht die Intuition aus. Ihre Einsichten sind meist Geistesblitze, Momente der Erleuchtung. Gerade in ihrer kondensierten Form gestalten sich diese Geistesblitze als ein heilsames Feuer. Sie sind pure Energie, scheinbar aus einer höheren Sphäre. Und wenn Sie sich genau beobachten, werden Sie bemerken, dass diese Kraft allein aus Ihnen kommt. Lassen Sie sich darum von Ihrem Licht teilen, ohne sich dabei aufzugeben.

Bon Voyage
Matthias Mala

WAS MEDITATION FÜR HERZ UND SEELE BEDEUTET

*Eine Seele ohne Imagination ist
wie ein Observatorium ohne Teleskop.*

Harriet Beecher-Stowe

Die Seele und ihre Gefühlswelt

Sprechen wir von »Herz und Seele«, meinen wir unsere innere Ganzheit. Geist und Gefühl spielen zusammen und formen unser Selbstverständnis. Schwingen Herz und Seele in Harmonie, sind wir bei uns und fühlen uns eins mit der Welt. Diese Momente der Einheit des Empfindens sind die Momente echten Heilseins – sowohl auf den hellen als auch auf den dunklen Seiten des Lebens.

»Mir geht es besser und immer besser«: Dieser Satz ist eine klassische Autosuggestion. Sie soll unser Gemüt erhellen und uns Zuversicht geben. Mit einer ausgeglichenen Gemütslage erfahren wir Zufriedenheit, die Welt erscheint uns freundlich und das Leben leicht. Doch die Welt ist nicht immer Sonnenschein. Dies gilt ebenso für unsere seelische Befindlichkeit. Trauer und Freude, Liebe und Hass, Stress und Langeweile, Angst und Übermut, diese Gegensatzpaare sind nur einige Beispiele für die Spannweite unseres

Gefühlslebens. Erleben Sie sie pur und ganz, schöpfen Sie sie aus. Das heißt, um ein Beispiel zu geben, vom erfahrenen Leid bleibt, sobald Sie es durchlitten haben, nichts mehr übrig.

Verstand und Empfindung in Einklang

Solcherart »rückstandsloses« Erleben ist im Grunde Meditation. Jedenfalls wird diese »gründliche« Meditation von etlichen anerkannten Meistern so beschrieben. Folglich dürfen Sie zu Ihren Empfindungen stehen und sollten sie sich nicht wegreden. Dies besagt nicht, dass Ihre Gefühle stets der Wahrheit folgen. Sie können sich mit Ihrem Bauch auch ganz gehörig irren. Gleichwohl entsteht Harmonie nur, solange Sie in sich nicht gespalten bleiben. Das ist der Grund, weshalb sich also Verstand und Gefühl miteinander versöhnen sollten.

Täuschung oder echt wahr?

Dies ist nur möglich, wenn Sie Ihren Gefühlen auf den Grund gehen. In ihrer wahren Tiefe verraten sie sich nämlich. Hier zeigt sich, ob das Gefühl einen wahren Grund besitzt oder einer Täuschung aufsitzt. In solche Tiefe aber führt Sie kein analytisches Denken, sondern Meditation. Notwendigerweise trennt jede Analyse den Analytiker vom Analysierten. Damit blieben wir bei einer Analyse bis in unsere dunkelste Tiefe gespalten. Meditation hingegen führt zusammen. Sie verbindet den Betrachter mit seinen Gefühlen und

erlaubt den Brückenschlag zwischen unbewusstem und bewusstem Erleben, zwischen Herz und Hirn.

Die Idee vom maximalen Selbstvertrauen

Allerdings formt sich diese Verbindung nicht von selbst. Sie sollten sie vielmehr zulassen. Dieses Zulassen ist eine Form von Freiheit, die Sie sich selbst gewähren. Durch sie erlauben Sie sich, sich selbst ergebnisoffen zu erforschen. Dies ist ein Stück selbst gelebte Anarchie, die freilich mehr Überwindung verlangt, als man allgemein annimmt. Schließlich kann das Ergebnis die eigene Person so weit in Frage stellen, dass nach einer Meditation ein anderer aufsteht als jener, der sich zuvor zu ihr niedersetzte. Durch eine Meditation pfropfen Sie Ihren Gefühlen kein Gegengefühl auf, um zum Beispiel das schlechte Gefühl Neid durch das schöne Gefühl Wohlwollen zu veredeln. Denn damit bliebe der Neid als tragendes Gefühl weiterhin virulent, ja er wäre sogar schädlicher, da er im Verborgenen fortwirken würde. Bei einer Meditation tauchen Sie vielmehr in das Gefühl ein, nehmen dieses an und schaffen hierdurch in sich einen Raum, in dem sich eine Wandlung vollziehen kann. Diese Wandlung ist zudem ein meditativer Akt und von daher ein Geschehen, dem Sie sich anvertrauen. Derartige Meditation ist eine Bekundung Ihres Selbstvertrauens. Es ist vor allem dann mutig, wenn wir uns mit unseren Schattenseiten beschäftigen, die Betrachtung unserer Sonnenseite ist dagegen wohlfeil.

Die Mischung macht's

Schon die Griechen des Altertums, wie die berühmten Ärzte der Antike Hippokrates oder Galen, beschrieben die grundsätzlichen Gefühlswelten in ihrer klassischen Temperamentenlehre. In dieser Lehre unterscheidet man vier Temperamente und fasst sie als seelischen Ausfluss des Mischungsverhältnisses der verschiedenen Körpersäfte im Menschen auf: Der **Sanguiniker** steht für ein aktives und sonniges Wesen. Der **Phlegmatiker** repräsentiert ein passives und bedächtiges Wesen. Dem **Choleriker** schreibt man ein reizbares und furchtloses Wesen zu. Den **Melancholiker** prägt ein ernstes und nachdenkliches Wesen. Albrecht Dürer hat diese vier Temperamente mit seinen beiden Tafelbildern der vier Apostel in kongenialer Weise dargestellt. Diese Bilder zeigen diese Gefühlswelten erkennbar als polare Eigenschaften, so wie dies bereits von den alten Denkern festgehalten wurde. So stehen sich die Temperamente in den Figuren der Apostel einmal gegenseitig gegenüber, bilden aber auch in sich selbst Gegensätze heraus. Gleichzeitig wirken sie auch zusammen und formen somit eine Einheit. Sie weisen auf die Natur der Menschenseele, in der die Eigenschaften aller vier Temperamente zusammen schwingen und sich von Fall zu Fall neu vermischen. Hieraus lässt sich ableiten, dass keine unserer Empfindungen und Gefühlsäußerungen für sich allein gut oder schlecht sind. Die Qualität unserer Gefühle beruht zum überwiegenden Teil darin, wie wir sie beherrschen oder uns von ihnen beherrschen lassen. Das gesunde Mittelmaß ist hier gewiss der Königsweg. Zumal unser Gefühlsleben entscheidend dazu beiträgt, wie wir von unserer Umwelt wahrgenommen werden. In unserem persönlichen Charakter offenbart sich die in uns angelegte individuelle Verbindung der Temperamente, steht er doch für die Gesamtheit unserer Eigenschaften oder Wesenszüge, die uns als Individuum von anderen unterscheidet. In diesem Sinne ist es vor allem unser Selbstempfinden, mit dem wir uns darstellen und wahrgenommen werden.

Unsere individuelle Wesensart bleibt bestehen

Das Echo auf unsere Selbstdarstellung nährt wiederum unser Gefühlsleben. Wir werden deshalb die Grundstimmung unseres Charakters im Laufe unseres Lebens nur unwesentlich verändern. Wir mögen sie zwar gelegentlich verleugnen, indem wir sie verbergen oder überzeich-

nen. Allerdings wirken wir umso glaubwürdiger, je authentischer wir uns geben. Diese Authentizität, also diese Echtheit, Zuverlässigkeit und Glaubwürdigkeit, bedeutet, dass wir auch im alltäglichen sozialen Rollenspiel nahe an unserem Wesenskern bleiben sollten. Dies setzt voraus, dass wir unsere Wesenszüge erkannt und sie akzeptiert haben. Ein Weg zu Erkennen und Akzeptanz ist die Meditation als Reise in und zu uns selbst. Es ist ein ebenso schwieriger wie schöner Weg, denn auf einer solchen Reise werden wir uns selbst zum Freund, den wir das eine Mal liebevoll umarmen und mit dem wir ein anderes Mal brüderlich ringen. Wir nehmen uns selbst an, wie wir sind. Mit diesem Akt der Selbstbejahung wird die Meditation zu einem Weg der Selbsterkenntnis. Dies aber ist die Krönung jeder Meditation. Denn wahre Selbsterkenntnis ist zugleich auch immer Weltverständnis und dadurch ein vollkommenes spirituelles Geschehen. Wir werden eins mit der Welt und empfinden diese Verschmelzung als wahre Glückseligkeit.

Meditation aktiviert die Selbstheilung

Meditation hebt uns in eine höhere Sphäre, in der wir uns mit der Schöpfung eins fühlen. Dazu begeben wir uns zunächst in selbst gewählte Einsamkeit. Hier, mit uns selbst, mit unseren Gefühlen und Gedanken konfrontiert, kommen wir zur Ruhe. Schöpferische Stille fließt in unseren Kreis. Die Einsamkeit wandelt sich zum »All-Einsein«. Dies erlaubt erleuchtende Augenblicke des Heilseins.

Sie schlafen gerne? Schlaf heilt erwiesenermaßen. Es ist für uns selbstverständlich, wenn wir uns krank fühlen, das Bett aufzusuchen. Heilschlaf ist längst ein anerkanntes therapeutisches Konzept. Meditation ist kein Schlaf, und doch besteht eine Verbindung zu ihm. Denn Meditation verlangsamt die Zeit, lässt Ruhe einkehren und lenkt unsere Kräfte auf uns selbst. Die äußere Welt tritt zurück, unsere innere Welt öffnet sich. Die Gedanken kommen zur Ruhe und finden ein Ziel, in dem sie sich verlieren

können. Geschieht dies, tritt Stille ein. Wir sind wach, präsent und abwesend, in einer tiefgreifenden körperlichen Entspannung. Unser vielbeschäftigtes Ego vergisst sich und schläft ein.

Geschärfte Sinne – vertieftes Wahrnehmen

Der Grad der Meditation ist sogar messbar. Die Hirnströme verändern sich, die Aktivität des Gehirns verlangsamt sich, dafür steigt die Empfindungsfähigkeit, und die betrachtende Konzentration verschärft sich. Unsere Sinne verfeinern sich in diesem Zustand, und wir sehen hinter die Dinge und erkennen unausgesprochene Zusammenhänge. Dieser Zustand ist dem Träumen sehr nahe.

Sie beten gerne?

Beten heilt ebenso erwiesenermaßen. Gläubige Kranke suchen Heilung durch die Zwiesprache mit Gott. Sie beten konkret um Hilfe und sind offen für das Geschehen. Sie haben Vertrauen in die höhere Macht. Kranke, die beten, werden erfahrungsgemäß schneller gesund als Ungläubige. Meditation ist einem Gebet meist sehr ähnlich. Im religiösen Kontext ersetzt sie das Gebet beziehungsweise wird sie als gleichwertige Hinwendung an das Göttliche verstanden. Meditation erweist sich hierbei als ein ebenso heilsames Phänomen wie das Gebet. Schließlich verbindet sie den Meditierenden mit einer höheren Sphäre. Jedenfalls ist dies eine Erfahrung, die jeder Meditierende macht.

Diese Verbindung zu einer höheren oder umfassenderen Sphäre wird als ein Gefühl der Allverbundenheit beschrieben. Ob Schlaf oder Gebet, Meditation trägt die Heilkraft beider Phänomene in sich. Meditation ist deswegen jedoch nicht das bessere Phänomen, sondern nur ein weiteres, das nachweislich Heilung bewirkt und Gesundheit erhält. Meditation erlaubt uns ebenso ein Gefühl des Heilseins, wie es das Gebet vermittelt oder der Schlaf unbewusst herstellt. Wobei Sie bei der Meditation Heilungsprozesse gezielt provozieren können. Immerhin initialisiert sie ein komplexes psychosomatisches Geschehen. Körper und Seele sind an einer Meditation in derselben Weise beteiligt. Beide kommen zur Ruhe, stressende Reize werden ausgeblendet, und die Energien sammeln sich. Diese Sammlung bewirkt, dass sich Körper und Seele wieder erholen können. Da die Meditation insbesondere ein seelischer Prozess ist, regt sie verstärkt seelische Selbstheilungskräfte an. Das Wirkschema der Meditation lautet deshalb »vom Geist zur Seele, von der Seele zum

Leib«. Was aber sollten Sie für Ihre Meditation beachten, um diese wunderbaren Kräfte zu wecken?

Die Meditation als geistiges Reinigungsritual

Manch eine Empfehlung lautet: Einfach nur sitzen und meditieren, der Rest geschieht von selbst. In seltenen Fällen mag das stimmen, in den meisten führt es jedoch zu einer Vernachlässigung der Meditation, denn wo sich kein Erfolg einstellt, macht auch die Übung keinen Sinn. Setzen Sie sich hingegen gezielt hin, um ein seelisches Problem oder eine körperliche Befindlichkeit zu lindern, kann dies im Einzelfall gelingen, generell gesehen aber, ist auch dies der falsche Weg. Meditation hat etwas mit Seelenhygiene zu tun. Sie ist gewissermaßen ein geistiges Reinigungsritual. Wir klären unsere Seele, indem wir von unseren Aufgeregtheiten ablassen und zu uns finden. Insofern ist Meditation auch mit einem rituellen Bad vergleichbar, bei dem wir uns durch Untertauchen von seelischer Last befreien wollen. Meditation gleicht einem ebensolchen Eintauchen in das unendliche Meer des Geistes. In dieser Hinsicht ist sie vor allem ein spiritueller Prozess. Unser Geist vermählt sich mit seinem Ursprung, dem himmlischen Geist. Wir kehren ein in den überirdischen Raum himmlischer Freiheit. Der Lohn solchen Eintauchens in höhere Sphären ist ein ebenso überirdisches Glücksgefühl. Wir sprechen dann von Glückseligkeit. Wer aber glückselig ist, der ist heil! Durch die Meditation öffnen Sie sich für Ihre innere Welt. In diesem Sinne ist Meditation Einkehr, Einkehr in sich und Hinwendung an eine höhere Sphäre. Der Weg zu dieser geistigen Dimension führt Sie folglich zunächst nach innen. Der Zweck dieser Übung ist frei nach dem hermetischen Prinzip »wie innen, so außen«, über die Einsicht in seine inneren Strukturen die äußeren zu erkennen, sprich die innere Welt als ein Gegenbild der äußeren Welt zu erleben. So können Sie zum Beispiel eine seelische Beunruhigung, etwa eine unbestimmte

Zukunftsangst, als ein Gemenge von Sorgen, Abhängigkeiten und Forderungen erkennen, das Sie durch die Bewältigung seiner einzelnen Ursachen niemals lösen könnten. Indem Sie dies jedoch einsehen, erlangen Sie eine ganzheitliche Sicht auf das Problem und mit dieser Sicht eine ebenso ganzheitliche Lösung. Häufig ist es dabei so, dass sich bereits die ganzheitliche Sichtweise selbst als die eigentliche Lösung herausstellt. Mit ihr löst sich auch das bedrängende Problem in Ihrem Inneren und verliert hierdurch seine äußerliche Macht über Sie. Durch Einsicht haben Sie sich aus seiner Gewalt befreit.

Vertrauen Sie der Weisheit Ihres Herzens

Die Selbstheilungskräfte der Seele wecken Sie am ehesten dadurch, dass Sie Ihrer Meditation vertrauen, dass Sie sich ihr anvertrauen. Dies ist zugleich Ihr Vertrauensbeweis gegenüber sich selbst. Sie vertrauen sich, dass Sie, sobald Sie meditieren, sich in Liebe und Verständnis

begegnen. Sie wissen, Sie sind in Ihrem Wesenskern heil und gut. Dieses Heilsein wollen Sie steigern. Ihr inneres Heil soll auch nach außen dringen und die äußere Welt erwärmen. Dies ist ein Prozess geistiger und seelischer Gesundung. In erster Linie handelt es sich dabei um ein intuitives, gefühlsmäßiges Geschehen. Sie gehen in sich und vertrauen Ihrer Einsicht. Diese Einsicht basiert auf Ihrer Wachheit und Ihrer Fähigkeit, sich von Vorurteilen zu lösen, damit sich ungewohnte oder gar außergewöhnliche Perspektiven einstellen. Es ist dies ein Vertrauen auf eine innere Führung. Diese Führung müssen Sie nicht vergöttlichen. Denn Intuition ist vor allem eine Weisheit des Herzens. Sie zeigt sich als ein stilles Ahnen von dem, was uns gut tut und was uns schadet. Wir wissen ohne große Worte, was wir meiden und was wir suchen sollten. Indem wir uns selbst vertrauen, rücken wir unserem Unbewussten immer näher. Es spricht in Bildern und Träumen zu uns. Eine Möglichkeit, ihm hingegen bewusst zu lauschen, ist Meditation.

WICHTIGE BAUSTEINE
FÜR DIE MEDITATIONSREISEN

Meditation ist die Bereitschaft,
den Willen still werden zu lassen und
das Licht zu sehen, das sich erst bei still
gewordenem Willen zeigt.

Carl Friedrich von Weizsäcker

Vielfältig ist die Form der Meditation

Da Meditation nach innen führt, ist sie ausdrücklich eine innere Haltung. Indes schließt Meditation die Welt um Sie nicht aus, vielmehr sensibilisiert sie Sie für sie. Sie nehmen wahr, ohne dabei Ihre innere Haltung zu verlieren. Sie bleiben ruhend in der Kraft. Wer sich durch Meditation von der Welt ausschließt, meditiert nicht, sondern verblendet sich und bleibt in seinem Eifer gefangen.

Meditationsarten gibt es unübersehbar viele. Praktisch jeder Guru und jede Sekte propagieren ihre eigene Art der Meditation. Sie unterscheiden sich vor allem in ihrer Zielsetzung und weniger in ihrer Form. Im Allgemeinen sitzt man mehr oder minder entspannt und konzentriert sich auf das Ziel der Übung. Das mag ein Satz, ein Geisteszustand, eine Vision oder Gedankenleere sein. Sitzen und betrachten entspricht folglich der allgemeinen Vorstellung von Meditation. Doch so, wie nicht jeder Meditierende den klassischen Lotossitz beherrschen muss, so findet auch nicht jede Meditation notwendigerweise im Sitzen statt.

Wie Sie meditieren können

Tanzen ist zum Beispiel eine althergebrachte Form der Meditation. Denken Sie nur an den Tanz der Derwische in Konya in der Türkei. Ebenso ist das Wiederholen von Mantras oder Gebeten eine klassische Form der Meditation. Hierzulande ist es der Rosenkranz, der als Litanei oft stundenlang gebetet wird und tiefe Meditationen ermöglicht. Eine recht moderne Meditationsform ist die Lachmeditation, bei der ein Gefühl der Glückseligkeit herbeigelacht werden soll. Auch monotone Beschäftigungen wie das Trommeln oder das Rechen eines Zen-Gartens sind meditative Ausformungen, die zu spirituellen Einsichten führen können.

Meditierend Entdecker und Forscher sein

Bekannt ist der Satz: »Wenn ich gehe, gehe ich; wenn ich sitze, sitze ich; wenn ich esse, esse ich.« Er verweist auf eine grundsätzlich meditative Lebenseinstellung, die von jeder Form gelöst ist und folglich jede alltägliche Forderung als eine Form der Meditation versteht. Diese »formlose Form« der Meditation steht auch ein wenig Pate, bei den in diesem Buch vorgeschlagenen Meditationsreisen. Jedenfalls ist ihr Merkmal eine grundsätzliche Offenheit, was Ablauf, Gegenstand und Ziel einer Reise ausmacht. Diese

meditativen Reisen repräsentieren gewissermaßen eine assoziative Meditation. Mit ihnen wird Ihnen im Grunde nur ein Gerüst angeboten, indem der Startpunkt und wenige Zwischenstationen im Vorhinein festgelegt werden. Der Rest, und das ist der Hauptteil einer Meditationsreise, ergibt sich dann durch die Meditation selbst. Somit wird für Sie jede Meditationsreise zu einer Entdeckungsreise, denn keine der Reisen, auch wenn Sie dabei zum wiederholten Male an denselben Stationen vorbeipilgern, wird sich gleichen. Es wird jedes Mal eine andere Reise sein, vergleichbar mit einem Kreuzweg, an dem man die 14 Stationen der Leiden Christi abgeht und dabei stets neue Eindrücke und Gemütsbewegungen durchlebt. Ein solcher Pilgerweg ist zudem für den Gläubigen gleichermaßen eine Meditation. Was sich jedoch bei den Meditationsreisen gleicht und ihnen dadurch eine innere Form verleiht, sind die Forderungen an den Meditierenden, also an Sie, sich zu lösen, in sich hineinzuhorchen, seine Sinne offenzuhalten und wach zu sein. Letzteres ist besonders wichtig, damit Sie Entdecker und Forscher bleiben. Halten Sie es wie die ersten Weltumsegler, fahren Sie dem Unbekannten mutig entgegen, doch bleiben Sie immer auch der Kapitän Ihres Schiffes. Selbst wenn Sie sich einer Strömung hingeben, sollten Sie wissen, ob Sie noch unter gutem Wind segeln. Dies ist eine permanente Herausforderung an Ihre Intuition. Horchen Sie in sich hinein, werden Sie vorausahnen, welche Wendung im Laufe Ihrer Meditation Ihnen Gutes bringt und wo Sie aufziehenden Schatten besser ausweichen. Ebenso werden Sie ahnen, in welcher Richtung Sie kräftigende Quellen finden und wo sich kräftezehrende Fallen verbergen. Denn eine Meditation ist niemals nur ein direkter Weg zur Glückseligkeit.

Mentale Kraft lässt sich üben

Trainieren Sie Ihre Intuition und Voraussicht mit einer kleinen Übung. Stellen Sie sich vor, wie aus einem Samen ein Keim sprießt, der schließlich zu einem mächtigen Baum heranwächst. Bedenken Sie all die Gefahren, die dem jungen Baum drohen, und reagieren Sie darauf. Verscheuchen Sie das äsende Reh, das den Schössling abweiden möchte, und locken Sie die satten Tiere herbei, die ihm mit gutem Dung Nahrung spenden. Schicken Sie ihm Wind, der seinen Pollen verweht, damit sich sein Leben vervielfältigt, und lenken Sie Blitz und Feuer von ihm ab. Spüren Sie den prächtigen meditativen Momenten nach, wenn er sich im Sonnenschein mit seiner Aura weit über sich hinaus entfaltet. Schlagen Sie ihm Wunden, die mit seinem Harz verheilen, und lassen Sie ihn schließlich fallen, damit er verrottet und neuen Bäumen Nahrung schenkt, die seine Pracht in neuer Gestalt wiedererstehen lassen. Das Bild des Baumes ist vor allem wegen seiner grundlegenden Passivität bestens für Sie geeignet, sich mit dem Prinzip einer Meditation vertraut zu machen. Schließlich wurzeln Sie in dieser Baum-Imagination fest im Boden und sind bei jeder Regung auf die Hilfe der Elemente und Ihrer Umgebung angewiesen.

Alle Sinne in die Meditation einbinden

Vor allem das bewusste Atmen hilft Ihnen, um den Bildern überzeugende Kraft zu verleihen. Verscheuchen Sie das hungrige Reh, werden Sie heftig ausatmen. Locken Sie es dagegen sattgefressen herbei, werden Sie langsam einatmen. Aber auch Ihr ganzer Körper wird bei dieser Imagination gefordert sein. Suchen Sie zum Beispiel für Ihre Kräftigung das Sonnenlicht, werden Sie sich recken und strecken. Wehren Sie sich gegen einen Sturm, der Sie brechen will, werden Sie sich beugen und zugleich Ihre Muskulatur anspannen. Aber auch mentale Kräfte trainieren Sie, wenn Sie zum Beispiel Blitze ablenken und Feuerstürme umleiten. Dann atmen Sie weit und lassen Ihre Kraft ebenso weit in den Raum fließen, um mit magischer Macht Grenzpunkte zu setzen. Die körperliche Eingebundenheit in den Ablauf einer Imagination ist ein wesentliches Erleben während einer Meditation. Meditation ist eben keine »verkopf-te« Innerlichkeit, sondern fordert Sie als ganzen Menschen mit all Ihren Sinnen. Dies ist gerade für uns Abendländer eine wichtige Erfahrung, wollen wir doch allzu gern Spiritualität nur auf unser Oberstübchen begrenzen. Doch wenn Sie als Baum das Licht auf sich herabziehen wollen, müssen Sie es mit all Ihren Sinnen erfassen und als wirkliches Phänomen und nicht nur als alltägliche Helligkeit begreifen. Diese andere Anschauung der Dinge verrückt Sie aus der gewohnten Perspektive. Sie erleben sie neu und einzigartig. Dies aber bringt jede Meditation mitten ins Leben. Sie schöpfen zeitgleich aus dem Bewussten wie aus dem Unbewussten. Dies versetzt Sie in die zeitlose Weile der Gegenwart. In diesen kostbaren Augenblicken sind Sie heil und eins mit der Welt. Tauchen Sie schließlich wieder in Ihren Alltag ein, werden Sie noch lange von dieser inneren Kraft zehren. Sie werden von ihr erleuchtet sein. Manchmal fällt es uns schwer, uns einer Imagination zu widmen. Weil wir zu abgelenkt sind, bleiben die Bilder und Empfindungen kraftlos. Schwieriger erweist sich dies in einer Meditation, bei der die äußere Welt verblasst und die Innerlichkeit uns lenkt. Hier sind es vor allem innere Ablenkungen, die uns die Sicht erschweren. Furcht, Gedankenschwere, Sehnsüchte und Zielstreben erweisen sich als schier unüberwindbare Hindernisse.

Einfach nur schweben

Die Fähigkeit, sich fallen lassen zu können, erleichtert Ihnen den Zugang zu höheren Sphären. Sich fallen lassen zu können ist eine vormeditative Geisteshaltung, die schwer zu beschreiben ist. Sie hat durchaus etwas mit Gottvertrauen zu tun. Jedenfalls vermögen sich Menschen mit dieser Eigenschaft viel leichter in einen meditativen Zustand zu versetzen. Eine Möglichkeit, diese Fähigkeit einzuüben, ist die Vorstellung zu schweben. Sie sollte am besten im Stehen mit geschlossenen Augen und ausgebreiteten Armen praktiziert werden. Ziehen Sie als Engel über Ihr drittes Auge durch die Sphären, empfin-

den Sie den Schwebezustand als besonders real. Hierbei kann sich das Gefühl einstellen, als würden Sie Ihren Körper verlassen. Lassen Sie es zu, ohne die Augen zu öffnen, rücken Sie einer meditativen Versenkung schon recht nahe. Das Gefühl, hierbei das Gleichgewicht zu verlieren, ist normal. Es wird sich wieder legen. Sofern Sie es jedoch irritiert, nehmen Sie aufrecht auf einem Stuhl Platz, und fahren Sie mit der Übung fort.

Setzen Sie sich dann, sobald Sie wieder bei sich sind, zu einer Meditation hin, werden Sie sie als sehr tief erleben. Womöglich wird ihr in der Nacht ein Schwebetraum folgen. Eine andere Übung wäre das Spintisieren, bei dem Sie sich sehr tief in einen Gedanken verfangen und ihn in alle Richtungen ausloten. Wobei es zu dieser Übung gehört, auch abwegigen Assoziationen zu folgen und somit in absurde Welten abzuleiten. Schließlich verbirgt sich in dem Begriff auch das Wörtchen »spinnen«. Und einmal bewusst nicht richtig zu ticken erfordert ebenso die Fähigkeit, sich aus sicheren, vertrauten Gefilden zu lösen.

Der Körper ist das Haus der Meditation

Ihr Körper meditiert mit. Er ist an jeder Meditation messbar beteiligt. Er ist die Heimstatt Ihres Geistes. Er leiht ihm seine Sinne, damit er sich verfeinert. Ebenso birgt er die Quellen, aus denen die spirituelle Kraft in Ihr Leben fließt. In diesem Brunnen verbinden sich Körper und Geist zu einer spürbaren Kraft. Tiefe Meditation sensibilisiert Leib und Sinne und stärkt so Ihren Geist.

Weil Meditation ebenso ein geistiger wie körperlicher Prozess ist, kann man sie umfassend auch als ein energetisches Geschehen bezeichnen. Wobei der Begriff Energie hier sowohl die Körper- als auch die Geisteskraft meint. Das richtige Zusammenspiel beider Energiequellen bewirkt Entspannung und Einsicht, was wir als beseelende Harmonie empfinden und als meditativen Zustand wahrnehmen. Ihr Körper ist das Aggregat, das die Energie für Ihre Meditation empfängt und erschafft, durchleitet und speichert, verteilt und verbindet. Alles in allem ein ungemein vielschichtiges Geschehen, das gerne auch als feinstoffliches Wirken beschrieben wird.

Die Zentren unserer Energie

Die körperlichen Energiezentren, die während einer Meditation aktiv sind, werden häufig als Chakren bezeichnet. Da dieser Begriff jedoch sehr speziell ist und nur bei bestimmten Meditationsformen, zum Beispiel der Anregung von Kundalini, von Bedeutung ist, richten wir hier unser Augenmerk auf sensible Körperzonen. Diese Bereiche lassen sich während einer Meditation mental stimulieren, wodurch sie Ihrer Energie eine bestimmte Richtung verleihen. Zum Beispiel fließt Mitgefühl über das Herz, während über den Beckenboden Wurzelkräfte angesprochen werden.

Entdecken Sie die Kräfte in Ihren Körperzonen

Wie Sie diese Energiequellen für Ihre Meditation zum Fließen bringen, zeigen Ihnen die Übungen weiter unten. Sie basieren auf Mudras, sprich Finger- und Handstellungen, die seit jeher als Schlüssel gelten, um meditative Energien anzuregen und im Fluss zu halten. Die Übungen helfen Ihnen, mit den Kräften Ihrer Körperzonen vertraut zu werden. Der Atem ist jedoch die erste und zwingende Form, um Lebensenergie aufzunehmen. Zu heftiges wie auch zu flaches Atmen kann uns in kritische Verfassungen versetzen, mit

denen auch außergewöhnliche Geisteszustände einhergehen. Häufig geschieht dies unbewusst und führt uns spontan notwendige Energien zu: Wenn wir uns wehren (starker Atem) oder verbergen (flacher Atem) wollen. Während einer Meditation sollte Ihr Atem dagegen gleichmäßig und bedächtig sein, zehn bis zwölf Atemzüge pro Minute. Beim Einatmen hebt sich Ihre Bauchdecke, beim Ausatmen senkt sie sich. Lassen Sie Ihren Atem ganz natürlich strömen. Dies ist ein Anlass mehr, zu dem Sie das Fallenlassen üben und so Ihre Meditation vertiefen können. Bewusste Atemkontrolle führt nur zu körperlichen wie geistigen Verspannungen und lenkt Sie von Ihrer eigentlichen Meditation ab.

Übung für das dritte Auge

Unser drittes Auge ist das physisch spürbare Zentrum unserer Intuition. Es sitzt in der kleinen Stirnmulde über der Nasenwurzel. Über das dritte Auge läuft die innere Projektion, sobald wir etwas visionieren. Die Kraft Ihres dritten Auges regen Sie mit dieser Übung an und verstärken damit Ihre inneren Bilder. Halten Sie Ihre beiden gestreckten Hände wie zum Gebet aneinander, und heben Sie sie auf Augenhöhe, so dass Ihre Daumenspitzen ungefähr vor Ihrem dritten Auge positioniert sind. Sie werden daraufhin ein leichtes Kribbeln spüren, unter Meditierenden wird es auch »das Kitzeln der Ameise« genannt. Es ist ein Zeichen dafür, dass Ihr drittes Auge sich öffnet. Entfalten Sie nun Ihre vorgehaltenen Hände wie eine Blüte. Wenn Sie dazu Ihre Handballen aneinanderpressen und die Finger abspreizen, halten Sie sich einen Kelch vor, in dem sich die Kraft sammelt, die Ihre Intuition belebt.

Übung für den Nacken

Der Hals trägt die Last des Kopfes. Sie ist besonders schwer, sobald die Gedanken schwer sind. Hier sitzt unsere Stimme, die unseren Gedanken Ausdruck verleiht. Ihre Worte können Frieden stiften oder Zwietracht säen. Verspannungen im Nacken können sich bis in den kleinen Finger und den kleinen Zeh bemerkbar machen. Ein entspannter Nacken beschwingt Ihre Meditation und lässt die Umwelt freundlicher wirken. Halten Sie Ihre beiden Hände in Ihren Nacken. Wärmen Sie ihn, und massieren Sie ab und an Ihre Nackenwirbel leicht. Schließen Sie dann Ihre Augen, und lassen Sie Ihre Hände in Ihrem Nacken ruhen. Stellen Sie sich vor, wie Sie eine Kraft bewegen, die leicht aus Ihrer Kehle pulsiert. Sie werden dabei einen leichten Druck an Ihrer Kehle spüren, der sich aber alsbald löst. Dafür regt sich dann Ihr drittes Auge sanft, und Sie bemerken, wie sich Ihr Gesicht entspannt. Die hierbei empfundene Milde wird Ihre anschließende Meditation durchwirken und darüber hinaus auch Ihren Tag erleichtern. Sprechen Sie jetzt ein paar Worte, die Ihre Stimmung beschreiben, wie »sanft, schön, warm, friedlich«, werden Sie sie noch klarer empfinden. Ihre Stimmung wird sich daraufhin wie eine Aura um Sie legen und

Sie in sich bergen. – Ein starkes Gefühl von Heimat wird Sie erheben.

Übung für das Herz

Herz und Seele vereinen als Wortpaar Gemüt und Gefühl. Das Herz gilt als Hort der Seele. Ebenso ist es der Sitz unseres Mitgefühls. Ärger und Wut bedrücken unser Herz. Freude und Glück lassen es höherschlagen. Die Gefühle während einer Meditation sind deshalb das reine Empfinden Ihres Herzens. Es sind Augenblicke, in denen wir uns nicht belügen können. Legen Sie Ihre rechte Faust auf Ihr Herz, und umfassen Sie sie mit Ihrer linken Hand. Senken Sie Ihren Kopf, schließen Sie Ihre Augen, und konzentrieren Sie sich auf Ihre Hände. Sehr bald werden Sie Ihren Herzschlag in Ihrer Faust spüren und ihn dann auch mit Ihrer Linken empfinden. Richten Sie Ihren Kopf wieder auf, halten Sie Ihre Augen weiter geschlossen, fühlen Sie den Rhythmus in Ihren Händen. Es stellt sich darauf ein Gefühl ein, als ob Sie Ihre linke Hand schützend um Ihr Herz halten. Gleichzeitig mit Ihrem Herzschlag scheint der Raum um Sie zu pulsieren. Öffnen Sie jetzt Ihre Augen, erfahren Sie ein meditatives Einssein mit Ihrer Umgebung. Friede und Mitgefühl erfassen Sie. Sie meditieren quasi mit offenen Augen. Dieses Gefühl hilft Ihnen, sich fallen zu lassen und Ihrer Meditation zu vertrauen.

Übung für das Sonnengeflecht

Das Sonnengeflecht, auch Solarplexus genannt, ist ein Nervengeflecht im Oberbauch unterhalb des Magens. Es gilt bei der Zen-Meditation als das Zentrum der Sammlung und Kraft und wird dort Hara genannt. Auch bei fernöstlichen Kampfsportarten wird dem Hara große Bedeutung beigemessen. Siegreich bleibt danach der Streiter, der in seiner Mitte ruht. Gleiches gilt für die Meditation. Ruhen Sie in Ihrer Mitte, öffnet sich Ihnen eine höhere Sphäre. Stellen Sie sich leicht gegrätscht hin. Legen Sie Ihre beiden geöffneten Hände ineinander. Die rechte Hand liegt mit ihrem Rücken in Ihrer linken Hand. Beide Daumenspitzen berühren sich und formen ein kleines Dreieck. Halten Sie die so gefassten Hände über Ihrem Nabel gegen den Bauch. Strecken Sie nun das Daumendreieck nach vorne. Stellen Sie sich dabei vor, dass Sie beim Einatmen über das Dreieck der Daumen Energie anziehen. Diese Kraft fließt in Ihr Sonnengeflecht. Beim Ausatmen fließt verbrauchte Energie über Ihre Daumen ab. Wiederholen Sie dies, bis Sie das Gefühl haben, mit frischer Kraft geladen zu sein. Fühlen Sie sich nun in das Zentrum dieser Kraft hinein, und spüren Sie seine ungewöhnliche Mächtigkeit. Sie wird Sie während Ihrer Meditation leiten und beschützen.

Übung für den Beckenboden

Der Beckenboden ist die Muskulatur, die den Beckenausgang nach unten abschließt. Sie schenkt uns Sitz und kontrolliert die Ausscheidungsorgane. Setzen wir uns auf unseren Beckenboden, wurzeln wir stabil in der Welt. Wir nehmen dann die Kraft der Mutter Erde auf und verbinden sie in uns mit der Kraft des Himmels. Der Mittler ist hierbei unser Atem. Er ist der Odem, der sich bis in die feinsten Wurzeln unseres Seins verteilt.

Dies entspricht der klassischen Meditationshaltung. Setzen Sie sich entspannt auf den Boden, und berühren Sie ihn mit beiden Handflächen. Stellen Sie sich nun beim Einatmen vor, wie die Luft bis tief in Ihr Becken streicht. Beim Ausatmen drücken Sie sie sanft aus Ihrem Becken wieder nach oben. Fühlen Sie sich in den Boden hinein, und spüren Sie die starke Urkraft, die Sie trägt. Drücken Sie beim Ausatmen mit den Händen dann leicht gegen den Boden. Von Mal zu Mal werden Sie dabei das Gefühl haben, immer leichter zu werden, bis Sie glauben, auf einem Energiekissen zu schweben. Nehmen Sie dieses herrliche Gefühl von schwebender Leichtigkeit mit in Ihre Meditation. Sie bleiben dann mit einer guten Kraft verwurzelt, selbst wenn Sie während Ihrer Meditation bis in den Himmel hinaufsteigen.

Der Raum als Tempel der Meditation

Durch Meditation entsteht ein spiritueller Raum, deshalb ist jede Meditation ein schöpferischer Akt. Durch sie schaffen wir eine gültige Wirklichkeit. In ihr liegt etwas Wahres, was wir nur selten in der Welt entdecken. Finden wir es, kann sich an jedem Ort ein heiliger Raum entfalten. Also umgibt uns die Schönheit der Schöpfung zu jedem Augenblick, und es bleibt nur an uns, sie zu bemerken.

Solange Sie in Ihrer Mitte ruhen, können Sie praktisch an jedem Ort der Welt meditieren, denn Sie tragen den Raum der Meditation mit sich. Sobald Sie sich versenken, wird auch der Raum da sein. Doch gerade weil Sie dies können, werden Sie auf die Aura Ihres angestammten Platzes achten. Denn mit jeder Meditation weihen Sie den Ort Ihrer Versenkung ein wenig mehr. Hierdurch kräftigen Sie auch den Raum, der entsteht, sobald Sie meditieren. Dieser Raum ist gewissermaßen Ihre meditative Aura und somit eine weitere Kraftquelle sowie eine Sphäre, in die hinein Ihr Geist auch für andere spürbar wirkt. Der Überlieferung nach soll sich die meditative Aura Buddhas über mehrere Meilen erstreckt und jeden verzaubert haben, der in sie eintauchte.

Meditieren Sie als Solist

Meditieren Sie möglichst immer am gleichen Platz. Achten Sie darauf, dass dieser Platz und seine Umgebung sauber sind. Unordnung ist eine Missachtung Ihrer

Meditation. Auch sollten Sie an diesem Ort ungestört bleiben. Grundsätzlich empfehle ich, alleine zu meditieren. Bei Gruppenmeditationen können sich leicht die energetischen Muster anderer Personen übertragen. Der Grund dafür ist die Offenheit von Herz und Seele während einer Meditation. Während Gruppenmeditationen geschieht oft eine Angleichung an ein mittleres Niveau. Sie führen diese Meditationsreisen aber durch, um sich selbst zu begegnen, nicht, um sich in einen Chor einzureihen.

Accessoires für Atmosphäre

Die üblichen Stimmungsmacher wie Kerzenschein und Räucherduft schaffen eine angenehme Atmosphäre. Indes sollten Sie möglichst auf Hintergrundmusik verzichten. Äußere Stille ist heute ein Luxus, den wir häufig gar nicht mehr wahrnehmen können. Unnötige Beschallung aber verengt den Raum und nimmt dadurch Ihrer Meditation etwas von ihrem Glanz. Bezaubernd ist eine Blüte in einer Vase.

Sie symbolisiert die Entfaltung der Schönheit und ihre Vergänglichkeit. Eben das Geschehen, das Sie mit Ihrer Meditation anstoßen und wiederholen. Denn Sie begeben sich in eine außerordentliche harmonische Sphäre, die Sie später wieder gegen die Niederungen des Alltags eintauschen. Doch so, wie Sie der Anblick einer schönen Erscheinung nachhaltig bezaubert, so geschieht Gleiches auch durch Ihre Meditation. In den Anleitungen zu den vorgestellten Meditationsreisen werden Ihnen Empfehlungen gegeben, wie Sie die Atmosphäre für Ihre Meditation durch kleine Arrangements beeinflussen können. Ergänzen können Sie diese Empfehlungen durch wenige Utensilien, die Sie nur für die Zeit Ihrer Meditation aufstellen. Das kann eine Skulptur, etwa ein kleiner Kristalldelfin, oder ein Bild, zum Beispiel ein Mandala, sein, das Ihnen hilft, zu sich zu kommen. Auf ganz eigene Art formen auch Worte die Sphäre, durch die Ihre Meditation Sammlung und Tiefe erfährt. In jedem Gottesdienst können wir diesen Effekt bei der Verfolgung der Predigt beobachten. Es sind die Worte, die zusätzlich zum Sakralraum einen heilen Raum entstehen lassen. Statt einer Predigt dürfen Sie sich einen Besinnungstext laut vorlesen. Hierdurch stimmen Sie sich auf Ihre Meditation ein, gleichzeitig füllen Ihre Worte den Raum, in dem Sie sich befinden, und verwandeln ihn. Ihre Worte laden eine höhere Kraft ein, mit Ihnen zu weilen. Später, wenn Sie mit Ihrer Meditation beginnen, sagen Sie zu sich laut: »So wäre ich bereit für diese wunderbare Reise.« Dieser Satz, in der Möglichkeitsform gesprochen, reizt Sie unbewusst, ihn zu verwirklichen, wodurch Ihre Meditation von Anfang an mehr Gefühlstiefe erfährt.

Werden Sie zum Kraftzentrum

Ihr Atem ist es, der Ihre Meditation erhellt. Achten Sie dazu auf eine aufrechte Haltung. Am leichtesten gelingt Ihnen dies, wenn Sie sich vorstellen, Sie würden an einem zentralen Scheitelhaar wie eine Marionette gehalten werden. Vielleicht ziehen Sie sich am Anfang leicht an einem

Haar und folgen dem Zug. Heben Sie dazu gleichzeitig Ihr Kinn an. Sie werden sich daraufhin spielend leicht aufrichten und sich in dieser Position halten können. Atmen Sie dann wie empfohlen gleichmäßig und tief. Beim Einatmen atmen Sie in Ihren Bauch: Die Bauchdecke hebt sich. Beim Ausatmen atmen Sie ganz aus: Die Bauchdecke senkt sich. Sie schöpfen Kraft und reichen sie weiter, Sie werden zum Kraftzentrum eines heilen Raumes. Zum Abschluss der Vorbereitung für Ihre Meditationsreise führen Sie Ihre Hände bei leicht gestreckten Armen mit den Handflächen nach außen in alle Richtungen um sich, als würden Sie, im Inneren einer Kugel stehend, deren Wände abtasten. Sie werden daraufhin den Raum spüren, den Sie für Ihre Meditation geschaffen haben. In Ihren Handflächen werden Sie das Gefühl haben, als drückten Sie sich in eine watteweiche Wolke. Sie fassen gleichsam in die äußere Hülle Ihres Lichtkleides. Es ist um Sie ein Dom aus Energie, der in Ihre Hände strahlt. Dies ist der Tempel Ihrer Meditation.

Zeichen und Wege zur Meditation

Reisen weckt die Sinne für Entdeckungen. Jede Meditation ist eine Reise. Sie führt uns zu Sehenswürdigkeiten, den Bildern unseres Unterbewusstseins. Sie zeigen sich in Symbolen verschlüsselt. Sie sind die Wegmarken der meditativen Reise. Sie zu erfassen und zu deuten macht uns mit der bereisten inneren Landschaft vertraut. Sie erlaubt uns einen empfindsameren Zugang zu uns selbst.

Jede Meditation wird eine Reise nach innen sein. Sie werden sich dabei selbst begegnen und mit dieser Begegnung eine besondere Perspektive auf die Welt einnehmen. Es wird auch eine Reise zu einem guten Freund werden, den Sie mit all seinen Schwächen und Fehlern sowie all seinen Talenten und Vorzügen angenommen und lieben gelernt haben. Dieser gute Freund wird Sie seinerseits sehr viel über Sie lehren. Die Meditationsreisen gründen auf Gefühlsebenen. Sie führen Sie durch Imagination und Vision in Ihre Gefühlswelt und lassen Sie hierdurch Ihre Gefühle plastisch erleben. Sie sind folglich auf bildhafte Umschreibungen von Erfahrungen und Geschehnissen angelegt, denn in Bildern und Symbolen lassen sich Gefühle unmittelbarer bewahren und erkennen.

Ankerpunkte als Erinnerungsbrücken

Ein weiteres wesentliches Element der Meditationsreisen sind »Anker«. Anker halten ein Schiff und verhindern, dass es von der Strömung abgetrieben wird. Sie können ein ankerndes Schiff verlassen und werden es an gleicher Stelle wiederfinden. Die gleiche Funktion haben Anker auch bei Meditationsreisen. Sie ermöglichen Ihnen innezuhalten, um ein Bild eingehender zu betrachten oder einen Pfad abseits Ihrer gedanklichen Reiseroute abzuschreiten. Ebenso setzen Sie mit einem Ankerpunkt eine Markierung, an der Sie Ihre Meditation zu einem späteren Zeitpunkt fortführen können. Sie können also Ihre Meditation unterbrechen oder aber Ihre Meditationsreise fortsetzen und anschließend an den für Sie bedeutsamen Ankerplatz wieder zurückkehren.

Bilder, die Ihren Gefühlen entsprechen

Ein Anker sollte deshalb dem gerade angesprochenen emotionalen Geschehen ein klares Bild verleihen, zum Beispiel eine abgebrochene Klinke für eine verschlossene Türe. Mit dieser Klinke in Ihrer geistigen Hand können Sie die Gefühle, die Sie bei der ersten Begegnung an dieser Schwelle hatten, sehr rasch wiederbeleben und Ihre Meditation darüber fortsetzen. Sie können die Anker auch als Stationen verstehen, die Sie während Ihrer Meditation nach und nach aufsuchen, damit Sie den roten Faden nicht verlieren. Wählen Sie gleichnishafte Bilder für Ihre Meditation. Das Bild sollte das Gefühl für ein Geschehen ansprechen und vertreten. So kann beispielsweise ein Tal sowohl für Depression als auch für Ankunft und satte Geborgenheit stehen. Hingegen steht ein Berg als fernes Ziel, Erfolg oder als besondere Last. Auch in Tierbildern lebt eine starke Symbolik, die unser Unterbewusstsein berührt. Sie sind archaisch und voller Magie. Ein Wolf etwa vertritt Stärke und Einsamkeit oder ein Delfin Lebenslust und Familiensinn. Die Symbolik setzt sich in den Farben, in denen Sie sich ein Bild vorstellen, fort. Wobei Sie sich hier von Ihrem persönlichen Farbempfinden leiten lassen sollten, da dies mit Ihrem Unterbewussten am ehesten übereinstimmt. Überhaupt sollten Sie Klischees meiden. Wählen Sie die Bilder, die Ihren Gefühlen entsprechen. So kann Trauer einmal eine Trauerweide, einmal eine geknickte Blume und ein anderes Mal ein einsamer Elefant sein. Wichtig ist allein, dass das Bild in Ihnen ein gleichwertiges Gefühl anspricht.

Anleitung für Ihre Meditationsreisen

Die acht Meditationsreisen sind exemplarisch für vier grundlegende Stimmungen seelischen Empfindens und Ausdrucks. Wobei jede Stimmung in Gefühl und Gebaren vielschichtige Abstufungen aufweist. Sie können sie anhand von vier Tabellen bestimmen und arrangieren. Diese vier Tabellen basieren auf folgenden Grundstimmungen respektive Gefühlsebenen: Vitalität, Harmonie, Dominanz und Sensibilität. Jede dieser Grundstimmungen ist in je fünf Stimmungslagen unterteilt, die ihrerseits mit ihren gegensätzlichen Temperamenten konfrontiert

sind. Zu den somit insgesamt zehn verschiedenen Stimmungslagen sind fünf Eigenschaften aufgelistet, die seelische Urbilder ansprechen: Farbe, Duft, Tier, Bild und Sache. Sie verzeichnen assoziative Stichpunkte, die eine Meditationsreise begründen. Lassen Sie sich von diesen Stichpunkten inspirieren, um selbst Wegmarken für Ihre Reise zu finden. Bereits drei, vier von diesen Stichpunkten genügen, um eine Meditationsreise anzuregen. Hierfür muss der Gegensatz einer Gestimmtheit keineswegs erkennbar miteinbezogen werden. Oft reicht die Ahnung um ihn aus, um eine kreative Spannung zu bewirken und somit die Reise hintergründig zu beeinflussen.

Stimulierende Stichworte

Die aufgelisteten Gegensätze in jeder Tabelle benennen positive wie negative Eigenschaften einer Gefühlsebene. Sie stellen jedoch keine Wertung dar, sondern weisen auf stärkende oder schwächende Eigenschaften, die das Spektrum einer

Gefühlsebene temperieren. Die obere Hälfte einer Tabelle listet unterstützende, die untere minimierende Elemente. Das einzelne Stichwort soll dabei ein Anstoß für weitere Assoziationen sein. Es hilft Ihnen zudem, passende Anker für Ihre Meditationsreise zu finden, falls Sie sie nicht direkt verwenden wollen. Überhaupt sollen Ihnen die gelisteten Eigenschaften helfen, Ihre Meditation im Vorhinein skizzenhaft zu planen, so dass Sie nicht nur ins Blaue hineinreisen. Dadurch können Sie auch konkrete Probleme eingrenzen und sich assoziativ auf Ihre Meditation einstimmen.

Finden Sie Ihren persönlichen Meditationsrhythmus

Jeder Tabelle folgen zwei beispielhafte Meditationsreisen, die auf einzelnen Ausdrucksformen der titelgebenden Grundstimmung basieren. Sie skizzieren den Ablauf einer Imagination. Folgen Sie einer Musterreise, achten Sie auf Pausen zwischen den einzelnen Bildern. Gemächlichkeit ist eine Notwendigkeit, damit Ihre Meditation gelingt. Das gewohnte Lesetempo wäre eine Übereilung. Haben Sie sich selbst Stimmungen und Anker für eine eigene Meditationsreise zusammengestellt, so folgen Sie ebenso bedächtig Ihrem Plan. Drängen Sie sich auch nicht, Ihre Meditation unbedingt am vorgenommenen Ziel zu beenden. Es hat oft gute Gründe, wenn Sie sich ein wenig verlaufen oder aber über die ersten Schritte nicht hinauskommen. Verstehen Sie deshalb eine unterbrochene Reise als Einladung, sie an einem anderen Tag fortzusetzen. Meditieren Sie zwischen zehn Minuten und einer halben Stunde. Halten Sie sich möglichst an den vorgenommenen Zeitrahmen. Die beispielhaften Meditationsreisen zeigen, wie Sie mit den gelisteten Gefühlsebenen und Temperamenten variieren und somit aktuelle Geschehnisse in ihrer Meditation umschreiben können. Bevor Sie sich nun auf Ihre Meditationsreise begeben, können Sie sich in der folgenden Mustermeditation »Sein und Schein« spirituell einstimmen.

Einstimmung: sich selbst erkennen

Auf dieser Meditationsreise folgen Sie der Grenzlinie zwischen Schein und Sein. Es ist eine Reise, die Mut erfordert, denn sie führt Sie sehr nahe zu sich selbst. So nahe, dass Sie darüber Ihr Sein als Schein verstehen könnten. Tun Sie es, könnten Sie als ein anderer von dieser Reise zurückkehren. In jedem Falle aber werden Sie eine beeindruckende innere Sicht von sich und der Welt gewinnen.

Vorbereitung

Für die Sinne: eine Blume in einer Vase, frisches Obst, eine weiße Kerze, ein weißer Seidenschal, ein Spiegel, Weihrauch
Für den Körper: Machen Sie vor der Übung einen Spaziergang. Legen Sie eine Wolldecke zurecht. Achten Sie auf warme Füße.
Imagination: Sie sitzen im Kino und versetzen sich in einen Film.
Reisedauer: ca. 20 Minuten

Anker zur Auswahl

Symbolische Anker: ein Seil, ein Strauß roter Rosen, eine Wiege, ein Grab, Horizont, Gipfel, Wegweiser, Kreuzweg, Goldstücke, ein leerer Rucksack
Sinnliche Anker: der Strahl eines Filmprojektors; Staub im Lichtstrahl des Projektors; der Duft warmen Schokoladenkuchens; eine festliche Geräuschkulisse; das Empfinden, mit der Natur verbunden zu sein

Meditationsablauf

Wer bin ich? Über dieser Frage mag man seinen Verstand verlieren oder Gott begegnen. Je tiefer wir sie erforschen, desto näher rücken wir dem Leben und verlieren uns zugleich selbst. Denn je näher wir dem Leben rücken, desto näher rücken wir auch dem Tod. Gehen Leben und Tod Hand in Hand, bescheint uns göttliche Gnade. Denn beides, Leben und Tod, als Einheit verstanden, ermöglicht uns ungeahnte spirituelle Einsichten.

Spazieren Sie zügig. Lassen Sie Ihre Arme frei schwingen. Tragen Sie nichts mit sich.

Denken Sie nun bei Ihrem Spaziergang nicht an die kommende Meditation. Gehen Sie einfach draußen spazieren, und betrachten Sie die Welt um sich. Betrachten Sie sie, als wäre dies Ihr erster Spaziergang durch die Welt. Sie sehen die Welt völlig neu. Denken Sie nicht gleichzeitig, was Sie sehen, sondern schauen Sie nur. Achten Sie darauf, wann Sie den Blick für das Neue verlieren, wodurch Sie sanft zu Ihrer Schau zurückfinden werden. Wieder daheim, arrangieren Sie die sinnlichen Meditationshilfen. Zünden Sie die Kerze an, und bringen Sie den Weihrauch zum Schwelen. Die Blume symbolisiert das blühende Leben, das Obst seine Früchte und den Kreislauf von Leben und Sterben. Die weiße Seide ist ein Zeichen des Todes und der Unsterblichkeit. Denn Weiß ist farblos wie der Tod und hell wie die Götter, weswegen der Tote wie auch der Priester weiß gekleidet sind. Legen Sie sich den Schal um den Hals, nähern Sie sich bildhaft der Grenze, an der Himmel und Erde sich berühren. Blicken Sie

jetzt in den bereitgelegten Spiegel. Sie sehen sich als spiegelver-
kehrtes Abbild der Wirklichkeit. Setzen Sie sich in einen Sessel,
und sinnieren Sie darüber, wie schwer es ist, sich selbst zu erkennen, weil wir uns immer nur bruchstückweise wahrnehmen und
Spiegelungen für die Wirklichkeit halten. Hier können Sie
bereits einen ersten Anker setzen. Wählen Sie sich den **Horizont**
oder das **Seil** als Grenze zwischen Schein und Sein. Denn über
den Wechsel von Schein und Wirklichkeit lohnt es sich, immer
wieder zu meditieren. So können Sie sich mit dem Gedanken-
spiel »Was wäre, wenn …« Wirklichkeiten ersinnen und hierdurch indirekt die harte Realität relativieren.

Wischen Sie sich nun die Gedanken mit Ihrer Hand von der Stirn,
und stellen Sie sich vor, Sie wären allein in einem Kino. Der Vor-
hang gleitet geräuschlos zur Seite, das Licht erlischt, der Vorspann
erhellt die Leinwand. Sie sehen, wie die Kamera Ihrem Spaziergang folgt. Das, was Sie zuvor in der Natur gesehen haben,
erscheint nun als Film. Lehnen Sie sich noch weiter zurück, und
blicken Sie in den Strahl des Projektors, der über Ihnen flimmert.
Sie sehen den Staub im Lichtstrahl und fühlen sich mit einem Mal
leicht und unbeschwert. Ihre Gedanken folgen den Staubfuseln,
tanzen mit ihnen, und Sie selbst werden so leicht, dass Sie ein
Fuselchen tragen könnte. Im nächsten Augenblick schon steigen
Sie auf und schweben mit ihnen. Sie werden dabei so luftig, dass
das Licht durch Sie hindurchscheint und Sie keinen Schatten auf
die Leinwand werfen.

Stimulieren Sie mit dem rechten Ringfinger Ihr drittes Auge über der Nasenwurzel.

Der **Strahl des Projektors** ist ein Anker, der zur Weggabelung werden kann. Denn Sie haben hier zwei Richtungen. Die eine weist zur Leinwand, die andere führt Sie zum Projektor. Folgen Sie der Richtung zum Projektor, wenden Sie sich der Vergangenheit zu. Diese Weggabelung ist am Ende dieser Meditation beschrieben. Ein zweiter Anker ist der **Staub im Lichtstrahl**. Er erlaubt Ihnen, jederzeit das Gefühl der Leichtigkeit und Durchsichtigkeit nachzuvollziehen. Dies hilft Ihnen vor allem in kritischen Situationen, wenn Sie sich wegen einer Auseinandersetzung wirksam entziehen wollen. Rufen Sie dieses Bild in Ihrer Erinnerung ab, werden Sie für andere unsichtbar.

Lockere Kleidung erleichtert während der Meditation den Fluss Ihrer Energien.

Blicken Sie nach vorne auf die Leinwand, sehen Sie wieder die Bilder Ihres Spazierganges. Verschmelzen Sie mit dem Licht des Projektors, und werden Sie so zu einem Teil des Films. Betrachten Sie sich von hinten, wie Sie durch die Landschaft gehen. Konzentrieren Sie sich auf den Umriss Ihrer Gestalt, werden Sie Ihre Aura erkennen. Ihr Schein strahlt auf der Leinwand und erzeugt ein schönes Farbenspiel. Schwelgen Sie in Ihrer eigenen Farbenpracht. Spüren Sie, wie sich Ihre Stimmung mit den Farben ändert. Umgekehrt können Sie auch mit einem Gedanken die Farben und damit Ihre Stimmung verändern. Es ist, als bewegten Sie ein Kaleidoskop. Rufen Sie in sich Stimmungsbilder ab, erscheinen diese auf der Leinwand, und Sie finden sich mitten in ihnen wieder. Denken Sie an Liebe, leuchten Blumenwiesen auf der Leinwand. Denken Sie an Zorn, ziehen Gewitterwolken auf und flammen Blitze hernieder.

Denken Sie an Einsamkeit, und die Kamera fährt einen Waldweg entlang auf eine Klause zu. Die Bilder erscheinen in Ihrer Bildersprache. Es sind Ihre persönlichen Grundsymbole, die Sie hierbei entdecken können. Sie verraten Ihnen, wie Sie sich grundsätzlichen Bewegungen des Lebens anpassen. Wenden Sie sich wieder dem Fortgang des Films zu. Sie sind der Held der Geschichte, die Sie sehen. Sie sind jung und tatendurstig. Können Sie sich an das Gefühl Ihrer ersten Liebe erinnern? Versuchen Sie es, werden Sie Ihrer Liebe begegnen. Es ist eine fantastische Liebe, in deren Antlitz sich die Erfahrungen Ihrer erfüllten und unerfüllten Wünsche widerspiegeln. Lassen Sie auch hier die sich abzeichnende Bewegung zu, können Sie aus den Bildern über sich lernen. Führen Sie dagegen kräftig Regie, verhindern Sie den möglichen Bilderreigen und blicken nur auf das Bekannte. Lassen Sie Ihren Blick schweifen, und entdecken Sie die Rosen im Hintergrund. Sind sie frisch und kräftig blühend, werden Ihre Bilder ebenso von der Liebe gelenkt sein. Atmen Sie den Duft der Rosenblüten, und lassen Sie die Gefühle zu, die in Ihnen aufsteigen. Ihr Herz wird überfließen, und womöglich fließen auch Tränen. Sie sind Ihrer wahren Liebe ganz, ganz nahe.

Wenn Sie mit dem Licht spielen, können Sie den Film verändern und Details in den Fokus Ihrer Aufmerksamkeit rücken.

Sind Sie ganz Sinn und Empfinden für diese Liebe, erkennen Sie, es ist kein bestimmter Mensch, dem Sie in diesem Film begegnen. Es ist vielmehr ein Quell himmlischer Kraft, der da für Sie sprudelt. Es ist eine Quelle, die aus göttlicher Liebe genährt wird. Lassen Sie sich von dieser Energie überschwemmen. Fließen Sie mit ihr, werden Sie eins mit ihrem Strom. Greifen Sie nicht nach ihr. Horten Sie sie nicht. Verlangen Sie nicht nach ihr. Engen Sie die Energie nicht ein, indem Sie sie beherrschen oder besitzen wollen, werden Sie das Antlitz Ihres Liebsten oder Ihrer Liebsten in diesem Scheinen erkennen. Ein Liebesreigen erklingt. Sie schweben mit Ihrer vollkommenen Liebe, tanzen und werden eins mit ihr. Verklingt das innere Lied, das Sie dabei beschwingte, lösen Sie sich von dem Bild. Winken Sie ihm zum Abschied zu, und lassen Sie sich weitertragen von dem Fluss der Liebe. Schwimmen Sie in ihm, folgen Sie seiner Strömung.

Blasen Sie ab und zu zart ein imaginäres Fläumchen, und Sie bleiben schwebend leicht.

Werfen Sie hier einen **Strauß roter Rosen** als Anker in den Fluss. Denn voraussichtlich werden Sie zu diesem Abschnitt Ihrer Meditationsreise öfter zurückkehren. Schließlich gelingt es uns höchst selten, etwas, was uns so glücklich stimmt, einfach loszulassen. Wir verstehen erst allmählich, dass nur das Loslassen der Liebe zur Liebe führt. Wollen wir hingegen, dass sie uns dauerhaft beglückt, verlieren wir sie; denn indem wir die Liebe festhalten, nehmen wir ihr die Freiheit und töten sie ab.

Sehen Sie, wie die Sonne das Wasser des Stromes versilbert. Es blitzt und blinkt, als würden tausend kleine Sternchen in ihm schwimmen. Dazwischen ist eine Welle, die besonders hell leuchtet. Sie blicken in ihre Richtung, schon blendet Sie ein gleißender Lichtstrahl. Alles um Sie herum scheint von weißem Licht umflutet. Grellweißes Licht, das mit seinem Scheinen alles umfasst, steht am

Anfang und am Ende jeden Lebens. Es ist zugleich ein Zeichen für geistige Wandlung und erleuchtende Einsicht, die uns jederzeit ereilen kann, solange wir für sie offen sind. Offen sind Sie, wenn Sie sich verlieren können. Blicken Sie erneut auf die Lichtspiegelung im Fluss, erkennen Sie in dem gleißenden Licht ein frisch geborenes Kind. Könnten Sie dieses Kind sein? Könnten Sie wie dieses Kind ein neues Leben beginnen? Könnten Sie gleich ihm ohne Vergangenheit in die Welt blicken? Versuchen Sie es! Lassen Sie Ihren Blick die Ufer entlanggleiten. Ihre Augen, noch geblendet vom Licht, sehen nur Schemenhaftes. Aus den Schatten am Ufersaum steigen farbige Nebel auf, die sich allmählich zu Bildern verdichten. Sie verändern sich rasch. Einmal sind es Menschen, die auf Sie einreden, die mit Ihnen spielen wollen, auf Sie zugehen oder denen Sie davoneilen. Einmal sind es Dinge, die Sie einst besessen haben: Spielzeug, eine Puppe, Ihr erstes Fahrrad, ein Buch. Es ist, als blätterten Sie in einem fremden Familienalbum, denn alles, was Sie sehen, sehen Sie zum ersten Mal. Obwohl einerseits bekannt, wirkt somit alles ein wenig befremdlich auf Sie. Lassen Sie den Film weiter vor Ihrem geistigen Auge abspulen. Er erzählt Ihnen eine vertraute Geschichte, doch es ist nicht Ihre Geschichte. Beachten Sie dies, können Sie die Bilder unbefangen verfolgen.

Ihr Film verwandelt sich jetzt zu einem Glückspfad. Langgehegte Träume nehmen Gestalt an, laden Sie ein, mit ihnen zu schwelgen. Mal sehen Sie sich mit Freunden auf einem Fest. Mal feiern Sie

Halten Sie Ihre Füße warm, wärmen Sie auch Ihre Meditation.

einen ersehnten Triumph. Mal besitzen Sie ungeahnte Fertigkeiten. In kurzer Folge wogen die Bilder hin und her, und mit jeder neuen Szene dürfen Sie sich bereichert fühlen. Es ist, als wachse Ihnen mit jedem Bild ein Stückchen Glück hinzu. Und wirklich, lassen Sie sich weiter auf diese Reise ein, fällt Ihnen mit jedem glückseligen Augenblick ein Goldstück zu. Es rollt funkelnd an den Rand der Leinwand und gleißt im Licht des Projektors. Ein Duft von Freude und Glück umweht Sie, wie das Aroma einer Tasse warmer Schokolade. Atmen Sie das Glück. Immer mehr Goldstücke sammeln sich so. Sie glitzern und glimmern wie tausend Sterne und füllen die Leinwand. Sie greifen hinein, spüren das kühle, polierte Gold in Ihren Händen. Goldstücke rieseln durch Ihre Finger, klimpern beim Aufprall auf den Goldhaufen und gleiten hell klirrend hinab. Erfreuen Sie sich an dem Ton. Sammeln Sie das Gold ein. Öffnen Sie Ihre Taschen und den leeren Rucksack, der wie selbstverständlich an Ihrem Rücken baumelt, und füllen alles mit sonnengelben Goldtalern. Hosen- und Jackentaschen werden schwer, und ihre Nähte spannen sich, der Rucksack ist prall voll Gold und lässt sich nur mit Mühe hochheben.

Falls sich die Bilder nur schwer formen, legen Sie sich hin und blicken zur Decke.

Haben Sie ihn endlich auf Ihren Rücken gehievt, wird Ihnen jeder Schritt zur Last. Die Leichtigkeit, die Sie zuvor empfanden, ist nun vorbei, und Ihr Gang wird schwer und müde. Mit jedem Schritt schwindet zudem das zuvor empfundene Glück. Halten Sie dennoch das Gold zusammen, schleppen Sie sich voran. Es einfach von sich zu werfen wäre töricht. Sie würden es nach kurzer Rast wieder aufsammeln. Stapfen Sie also weiter voran, hin zu jener nicht mehr fernen Grube, die auch ein offenes Grab nahe einer Trauerweide sein könnte. Menschen stehen davor und weinen. Sie nähern sich ihnen schwerfällig, doch der Duft des Goldes eilt Ihnen voraus. Die Trauer der Menschen wird rasch hohl und blass. In ihren Augen erwacht die Gier, feurig heiß flackernd. Ihre Taschen geben nach, reißen ein. Gold klirrt zu Boden. Die Menschen fallen auf die Knie und krallen nach den Goldstücken. Sie stoßen sich, fauchen sich an, fallen übereinander her. Sie selbst werden in dem Tumult umgestoßen und stürzen vor die Grube. Der schwere Rucksack wirft Sie auf den Rücken. Blitzschnell schlüpfen Sie aus den Gurten und umfassen ihn. Noch einmal halten Sie den ganzen kalten Reichtum. Schon spüren Sie den Atem der gierenden Meute in Ihrem Nacken. Sie zerrt an Ihnen. Ihre Kleider reißen. Sie wollen sich retten und öffnen den Rucksack. Die Goldstücke purzeln ins Grab, prasseln auf den Sarg und klingen, wo sie zusammenfallen, wie gesprungene Glocken. Schon lässt die Meute von Ihnen ab, und an Ihnen vorbei springen die Menschen in das offene Grab. Sie erheben sich, blicken auf das Getümmel zu Ihren Füßen und um sich herum. Greifen Sie jetzt in Ihre Kleider, und werfen Sie auch die letzten Goldstücke von sich.

Einzelne Bilder bleiben stehen, indem Sie Ihren Atem kurz anhalten.

Wandern Sie weiter in die Landschaft hinein. Das Glück folgt Ihnen. Sie sehen sich wieder von hinten auf der Leinwand. Ihre Aura glänzt so golden wie das verlorene Gold. Schließen Sie Ihre Augen, und ahnen Sie, wie die Staubfluse, die Sie in diesem Film hob, nach unten sinkt. Sie wachen in Ihrem Sessel auf und sehen den Abspann des Films über einer wunderschönen Landschaft. Eine Landschaft so schön, wie Sie sie sich vor dem Einschlafen gerne träumen.

Ein laut ausgesprochener Dank bringt Sie in schönster Weise in Ihren Tag zurück.

Beschließen Sie diese Meditationsreise mit einer Tasse Tee. Denken Sie dabei darüber nach, was Ihnen die gesehenen Bilder sagen. Betrachten Sie auch, warum Sie an manchen Stellen der Regisseur des Films waren und warum Sie bei anderen Szenen überwältigter Zuschauer blieben. Ihre Aktivitäten und Passivitäten zeigen für Sie grundlegende Wesenszüge auf. Ihre wahre Deutung werden Sie erst später als Déjà-vus-Erlebnisse im Alltag wiedererkennen. Verstehen Sie am Ende die Bilder des Films als Schein Ihres Seins, werden Sie anhaltenden Gewinn aus dieser Reise ziehen.

Anmerkungen

Im letzten Abschnitt dieser Reise bot sich mehrmals Gelegenheit, einen Anker zu werfen. Allerdings verzichtete ich auf eine direkte Unterbrechung, um das Bild der Reise nicht zu sehr zu zerstückeln. Die möglichen Anker werden dafür nachstehend beschrieben. Überhaupt sind einige der angesprochenen Bilder für sich so stark, dass Sie auch Heilkräfte anregen können. Der Anstoß dazu geschieht stets über Ihre Seele. Durch die Meditationsreise harmonisieren Sie Ihr Gemüt. Die ausgeglichene Schwingung lässt daraufhin stärkere Impulse himmlischer Energien oder ursprünglicher Lebenskraft zu. An derlei Ankerplätze lohnt es sich, immer wieder zurückzukehren und ihre Stimmung tiefer zu erkunden, Energie zu tanken und eine Verbindung zur Quelle der Kraft zu installieren.

Wiege: Die Wiege ist ein Anker zum Neugeborenen. Sie weist auf das entfaltende Leben. Sie ist zudem ein Zeichen von Geborgenheit und Urvertrauen. Verlässlich wie ein Fels ist somit auch die Kraft, die Sie hier entdecken können. Meditieren Sie an diesem Ankerplatz über diese Kraft, dürfen Sie etwas von diesem Urvertrauen nacherleben. Finden Sie Bilder, wie Sie selbst diese Geborgenheit gewähren, entdecken Sie einen abrufbaren Zugang zu dieser Kraft. Zugleich wächst Ihnen natürliche Autorität zu.

Zeichnen Sie Ihre Anker auf, erleichtern Sie sich den Einstieg bei weiteren Meditationen.

Grab: Ein Grab ist Symbol des Abschieds, des Todes, aber auch der Erlösung, der Verlassenheit sowie des gültigen Endens. Hier ist es vor allem ein Ankerpunkt zwiespältiger Eindrücke. Der Volksmund weiß, dass Tugend und gute Sitten nicht erben. Geht es um Besitzmehrung, offenbaren wir oft erst dann unsere abgründige Seite. Ebenso ungewiss ist auch unsere Fähigkeit, etwas wirklich los- und enden zu lassen. Wir wähnen uns frei, weil wir das, was uns bindet, nicht mehr erkennen. Diese Zwiespältigkeiten zu erkunden ist an dieser Stelle möglich. Ebenso ist es hier möglich, scheinbar abgeschlossene Geschehnisse wirklich abzuschließen, indem wir sie bildhaft in ein Grab geben. Denn häufig haben wir nur verdrängt, statt auf- und abzugeben.

Goldstücke: Gold bedeutet profan Reichtum und Zeitlosigkeit. Spirituell steht es für Erkenntnis und göttliches Licht. Wer den Stein der Weisen gefunden hat, der kann Gold machen. Er kann die Sonne vom Himmel holen und steht den Göttern nahe. Verstehen Sie die Bilder am offenen Grab gleichnishaft. Versuchen Sie hierbei vor allem Ihre Gefühle zu erforschen. Sie bieten Ihnen diverse Ansätze, die Reise von diesem Punkt aus in verschiedene Richtungen fortzusetzen. Denn Schein und Sein sind sich hier im Zeichen des Goldes besonders nahe.

Weggabelungen fordern Zweifler heraus, verstehen Sie sie darum als Entscheidungshilfen.

Weggabelung: Bewegen Sie sich in Ihrer Vorstellung, anstatt auf die Leinwand, auf die Projektorlampe zu, bewegen Sie sich bewusst rückwärts und somit in die Vergangenheit. Erst einmal blendet Sie der Projektorstrahl. Er nimmt Ihnen die Sicht. Geblendet, stolpern Sie über die Grenze der Zeit und gleiten in die dunklen Windungen der Filmspule. Es ist Ihre Geschichte, die hier in Bildern bewahrt wird. Gleiten Sie auf ein Ereignis zu, das Sie schon immer bedrückte, denn jetzt haben Sie die Gelegenheit, es zu ändern. Erinnern Sie sich vielleicht der Schmach, als Sie ein guter Freund verriet? Jetzt können Sie den Film zurückspulen und andere Bilder einfügen. Dank Ihrer Intuition entdecken Sie den Verrat, noch ehe er geschieht, und brechen die Freundschaft. Oder denken Sie an die Reise, die Sie nie antreten konnten? Jetzt können Sie an dem Ort sein, der für Sie so fern war. Oder beschwert Sie der Makel einer schlechten Note? Dann ändern Sie jetzt das Zeugnis, und sehen Sie sich zu, wie Sie sich darüber freuen. Und damit die gewandelten Ereignisse sich verfestigen, lassen Sie sie wirken. Bewerben Sie sich mit dem geschönten Zeugnis, und treten Sie die Stelle an, die Ihren wahren Fähigkeiten entspricht. Entfalten Sie sich, und finden Sie den Ausstieg, der Sie wieder in den heutigen Stand versetzt. Hierbei entdecken Sie die Verbindungen vom Schein zum Sein und dürfen mit Erstaunen feststellen, dass das Scheinbare durchaus auch eine Wirklichkeit sein konnte.

Drehen Sie sich in einem solchen Augenblick zur Leinwand um, werden diese Bilder im Hier und Jetzt konkret sichtbar. Sie werden so zu einem Fakt neben anderen Fakten. Hierdurch verändern sie die Realität, indem sie mit der Stimmung auch die Vergangenheit verändern. Den Einfluss dieser Zurechtrückung der Wirklichkeit werden Sie alsbald an sich selbst feststellen, indem Sie sicherer werden und sich so manche Bedrückung verliert. – Nach diesem Abweg dürfen Sie Ihre Reise am Wegkreuz wieder aufnehmen.

Tanken Sie mit zwei, drei tiefen Atemzügen Kraft, ehe Sie Ihre Meditation fortsetzen.

Weitere Weggabelungen böten sich auf dieser Reise an. So zum Beispiel beim reflektierenden Spaziergang, wenn Sie nicht ins Unbestimmte wandern, sondern konkret auf ein Ziel zugehen, das Sie derzeit beschäftigt, um an ihm Wirklichkeit und Illusion zu prüfen. Oder am Grab, das Sie nicht nur mit Goldstücken füllen, sondern in das Sie auch konkreten Kummer hineingeben, um sich aus emotionalen Fesselungen zu lösen.

MEDITATIONEN FÜR VIER GEFÜHLSEBENEN

Geh in deinen eigenen Grund!
Inwendig im innersten der Seele:
da ist dein Leben, und da allein lebst du.

Meister Eckehart

Vitalität – Lebendigkeit, Glück, Kreativität

Wollen wir die Welt erfassen und sie für uns erobern, macht uns dies lebenstüchtig. Wer sich die Welt aneignet, ist bereit, sie zu teilen. Mit Freund und Feind. Diese Bereitschaft zeugt von Respekt. Und genau dieser Respekt gilt auch dem Göttlichen. Die Meditation ist die stille Teilnahme an der Welt. Sie erlaubt Teilhabe an der himmlischen Kraft und somit die Erfahrung ursprünglicher Liebe.

Die Intensität des Gefühls von Lebendigkeit erleben

Vitalität verbindet Lebenskraft und Lebensfreude. Sie leitet sich vom lateinischen »vita« für »Leben« ab und umfasst Körper und Geist. Erfassen wir diesen ganzheitlichen Ansatz, bekommt unser Leben Schwung und Intensität. Aus der Lebensbejahung schöpfen wir Lebensenergie. Die erste Meditationsreise »Aus der Leere schöpfen« bezieht sich auf die Stimmungen Kreativität und Einfallslosigkeit.

Die aufgelisteten Eigenschaften dieser Stimmungspole erzeugten die Assoziation eines Gartens, in dem eine Ruine durch ein Traumhaus ersetzt werden soll. Die zweite Meditationsreise »Kraft schöpfen und Mut fassen« greift die Stimmungspole Lebensmut und Zaghaftigkeit auf. Sie fußt auf einem klassischen Bild: Sie folgen einem Flusslauf und gewinnen dabei zunehmend an Gleichmut und Stärke. Auch hier verwandelten sich die aufgelisteten Eigenschaften deutlich durch die geknüpften Assoziation.

EIGENSCHAFTEN VON VITALITÄT				
	Lebensmut	**Feinsinnig-keit**	**Kreativität**	**Liebe**	**Glück**
Farbe	Urblau	Gelbweiß	Pastellgrün	Tiefrot	Gold
Duft	Orange	Jasmin	Holz	Moschus	Sommerwiese
Tier	Löwe	Katze	Falke	Einhorn	Hahn
Bild	Ikarus	Schneefall	blühender Baum	sich küssen-des Paar	Sonnenauf-gang
Sache	warmer Fels	Tulpenblüte	Opal	Herz-anhänger	Bleikristall

	Zaghaftig-keit	**Gefühllosig-keit**	**Einfallslosig-keit**	**Hass**	**Pech**
Farbe	Lavendelgrün	Violettweiß	Braungrau	Gelborange	Schiefer
Duft	Moos	Sand	Kreide	Petroleum	Asphalt
Tier	Eidechse	Fisch	Schaf	Skorpion	Fledermaus
Bild	wandernde Gänse	Eiswüste	Sandwüste	brennende Kirche	Pechmarie
Sache	Fingerhut	Stein	zerknülltes Papier	Messer	schwarze Tinte

Aus der Leere schöpfen

Leere hat zweierlei Bedeutung: das Unermessliche, göttliche Allgegenwart oder Brache und Wüste. Beides ist miteinander verbunden. In der Bibel erscheint die Wüste öfter als Ort der Katharsis, der Läuterung und Befreiung. Hier nimmt Neues seinen Anfang. Das kann Ihnen auch diese Meditation ermöglichen, und sie hilft in Augenblicken vermeintlicher Ausweglosigkeit.

Vorbereitung

Für die Sinne: ein Stück Ziegel; ein Fächer; eine Topfpflanze, für das Auge und das Werden; frisch gesägtes Holz als Duft
Für den Körper: Atmen Sie bewusst bis zur Neige aus. Schütteln Sie Ihre Arme und Hände gut aus. Streifen Sie Ihre Hände mehrmals wechselseitig ab.
Imagination: ein Haus abreißen und ein neues Haus an gleicher Stelle errichten
Reisedauer: ca. 15 Minuten

Anker zur Auswahl

Symbolische Anker: Spitzhacke, abgebrochene Türklinke, Brache, Kran, gespanntes Seil, unverputzte Mauer
Sinnliche Anker: der Duft frischer Erde, feuchter Mauersand, das Geräusch abbrechenden Putzes, eine Zeichnung von einem Traumhaus

Meditationsablauf

Wie könnte Ihr Traumhaus aussehen? Welche Zimmer und Räume würden Sie in ihm gerne haben? Wie würden Sie die Räume anordnen, und mit welcher Fassade würden Sie sie umkleiden? Machen Sie sich Ihre Gedanken, alles ist erlaubt, und versuchen Sie, dieses Haus Ihrer Träume einmal zu zeichnen. Die Vorstellung dieses ganz besonderen Hauses soll Sie auf Ihrer Reise begleiten. Lockern Sie sich nun ein wenig, und setzen Sie sich für die Meditationsreise nieder. Sehen Sie Ihre Zeichnung genau an, und fächeln Sie sich mit Ihrem Fächer frische Luft zu. Spüren Sie, wie Sie dabei ein Hauch von Erde und Ziegel anweht. Sie werden förmlich den Sand der Baustelle schmecken. Dies ist der Wind des Aufbruchs, der Sie da erfasst. Ihr Herz wird ganz weit werden, und Sie möchten sofort das Baumaterial ergreifen, um Ihren Plänen hier und jetzt Gestalt zu geben.

Ein untergelegtes festes Kissen erleichtert eine aufrechte Meditationshaltung

Doch vor dem großen Werk steht ein Abbruch. Sie müssen Platz schaffen, damit Sie Ihr Haus errichten können. Das alte Haus ist von einem romantisch verwilderten Garten umschlossen und verspricht eine Idylle. Nähern Sie sich diesem scheinbaren Schmuckstück. Sehen Sie, wie es in die Natur eingebettet ist, wie an seiner Front Efeu und Blauregen ranken, wie vor seiner Tür Wildblumen und blühende Büsche wachsen. Doch je näher Sie sich auf das Haus zubewegen, desto deutlicher sehen Sie, dass die Idylle trügt. Die Fenster sind blind, die Rahmen und Läden morsch.

Der alte Verputz blättert von der Fassade ab. An manchen Stellen wurden die Mauern von der ausdauernden Kraft des Efeus gesprengt. Das Hausdach ist löchrig, und aus der Regenrinne wächst hohes Gras. Sie versuchen, die Eingangstüre aufzustoßen, doch sie hängt verkantet im Türstock und lässt sich nicht bewegen. Sie rütteln an der Klinke, doch sie ist vom Rost angegriffen und bricht. So stehen Sie vor dem Haus, halten die Türklinke in der Hand und kommen nicht hinein.

Massieren Sie als Stimulans Ihren linken Ringfinger sanft mit Ihrer rechten Hand.

An dieser Stelle können Sie mit der **Türklinke** einen ersten Anker werfen. Das Bild, vom Alten und Vergänglichen ausgeschlossen zu sein, ist eine existenzielle Erfahrung, der wir uns immer wieder stellen müssen. Die Lösungen sind so verschieden wie die Gründe für die Verweigerung, die einmal auf unserer, einmal auf der anderen Seite liegen. Mit der Türklinke in der Hand haben Sie eine Möglichkeit, immer wieder imaginäre Türen und Räume zu öffnen oder sie für immer zu schließen.

Nun gehen Sie um das Haus herum und bleiben vor den Fenstern stehen. Mit den Händen beschirmen Sie Ihren Blick, um besser hineinsehen zu können. Sie erblicken leere Räume. In manchen befindet sich noch ein vereinzeltes Möbelstück, einige Türen sind ausgehängt, und da und dort sind die Dielen aufgebrochen. Sie kommen wieder vor der Haustüre an und treten dagegen, doch sie rührt sich nicht. Zornig darüber, dass Sie keinen Einlass finden, nehmen Sie einen Stock und schlagen ein Fenster ein. Sie öffnen es und steigen in das Haus hinein. Muffige und feuchte Luft umfasst Sie. Unter Ihren Füßen knarrt der Holzboden. Tapeten hängen von den Wänden. Hie und da sehen Sie Efeuranken durch die Mauern wurzeln. Sie gehen durch das Haus und können nichts in ihm entdecken, das Ihnen erhaltenswert erscheint. Es ist eine Ruine, und Sie bekommen Lust, sie dem Erdboden gleichzumachen. Auf dem Dachboden nisten Tauben. Dort finden Sie auch eine Hacke. Mit ihr stoßen Sie die Ziegel vom Dachstuhl. Sie poltern laut zu Boden, zerbrechen, und der Wind trägt roten Staub davon. Licht fällt auf den Dachboden, und Sie entdecken in den Winkeln vergessene Koffer und Kisten. Sie werfen sie ungeöffnet den Dachziegeln hinterher. Schon zerschlagen Sie die an den Sparren befestigte waagerechte Lattung und treten die Sparren aus ihrer Befestigung. Das Holz des alten Dachstuhls stürzt hinunter und zersplittert im Garten.

So geht der Abriss ohne Hindernisse weiter voran. Das Dach ist bereits verschwunden, und mit Leichtigkeit schlagen Sie die Spitzhacke in den Dachboden, reißen ihn auf und stoßen große Bruchstücke der betonierten Decke hinab. Sie halten eine magische Hacke in der Hand, die überall, wo Sie sie hineinschlagen, wie in weichen Teig dringt und ungeahnte Schub- und Hebelkräfte entwickelt. Schon balancieren Sie auf den freigelegten Mauern der oberen Etage, springen hinab und drücken mit der Hacke die Fenster hinaus. Dem splitternden Glas folgen die berstenden Ziegel der Mauern. Sie reißen Kabel, Wasser- und Heizungsrohre mit hinab,

Haben Sie sich in Ihrer Vorstellung körperlich angestrengt, entspannen Sie sich wieder.

die wie die dürren Finger des verschwindenden Hauses in die Luft ragen. Sie empfinden eine tiefe Lust an dieser Zerstörung, die Sie möglicherweise verwundern mag. Doch wundern Sie sich nicht über sich, sondern geben Sie sich Ihrer Lust hin. Schnell werden Sie begreifen, dass sie nur oberflächlich eine destruktive Lust ist. Hinter ihr verbirgt sich eine kreative Lust, nämlich die Freude daran, Platz für das Neue zu schaffen. Und mit jedem Stein und jeder fallenden Wand treibt Sie ein stilles So-nicht voran. Sie lernen an dem, wie es nicht sein soll. So wie dieses alte Haus soll das neue Haus nicht werden. Sie schaffen die Brache, die ein schöpferischer Geist wieder begrünen soll.

Mit Hilfe dieser Meditation können Sie neue Wege für Ihren Alltag suchen und finden.

Die **Hacke**, die die Mauern wie Kuchen zerbröselt, erlaubt einen weiteren Ankerplatz: Hier können Sie Ihre Reise vertiefen oder sie verzweigen. Das Werkzeug ist ein eindrucksvolles Zeichen für jene Momente, in denen Abbruch, Beenden und Aufgeben für sich alleine bereits entscheidende Tat und kreative Leistung sein können. Hier schöpfen Sie die Kraft für die dafür erforderliche Entschiedenheit.

Wenn Sie nun das Haus bis auf seine Grundmauern abgetragen haben, legen Sie eine Verschnaufpause ein. Gehen Sie in den Garten, und blicken Sie aus verschiedenen Richtungen dorthin, wo zuvor das alte Haus gestanden hat. Freuen Sie sich über den entstandenen Raum, empfinden Sie die Freiheit, von der er kündet. Versuchen Sie, sich das neue Haus an seiner Stelle vorzustellen.

58

Verspricht es Ihnen ebenso die Freiheit wie das abgerissene Gebäude? Oder fühlen Sie sich eher von ihm beengt?

Verliert sich die Leichtigkeit mit Ihrer Perspektive, verändern Sie einfach die imaginierte Fassade. Spielen Sie mit Ihrer Vorstellung. Vergrößern oder verkleinern Sie die Räume des Hauses. Beobachten Sie, wie sich das geplante Haus verändert. Lassen Sie diesen Prozess unbedingt zu. Sie werden erleben, wie das Haus Ihrer Träume seinen Bauplatz selbst erobert und sich im freigelegten Raum behauptet. Von Standpunkt zu Standpunkt verändert es sich, erscheint es Ihnen in anderer Gestalt und Farbe.

Diese Meditation weckt ursprüngliche schöpferische Kräfte – für ungewöhnliche Ideen.

Spannen Sie nun das Seil, um die Baugrube abzugrenzen und den Raum für das neue Haus festzulegen. Fühlen Sie sich in diese Handlung hinein, und empfinden Sie den Impuls, der für den Aufbruch steht. Er birgt die geballte Kraft, die am Beginn einer großen Tat steht. In dieser schlichten Handlung steckt die ganze Folge vieler ineinandergreifender Tätigkeiten. Das Seil zu spannen bildet die Urtat und somit den Kern, aus dem das Haus entsteht. Verweilen Sie in diesem Bild, fließt die Kraft auf Sie über. Idee und Tat haben in ihr ihren Quell. So spielend leicht, wie Sie das alte Haus abgerissen haben, werden Sie nun das neue entstehen lassen. Sobald Sie mit Ihren Händen über den Grund der Baugrube streichen, entsteht das Fundament. Ziehen Sie am Grundriss entlang, dann wachsen die Mauern empor. Vielleicht nehmen Sie dazu den Fächer in die Hand, um auch sinnlich ein Werkzeug zu führen.

Streichen Sie über die Mauern, schon sind sie verputzt. Eine erneute Bewegung, und die Wände erhalten Farbe. Schon ziehen Sie die Decke auf den Keller und errichten die Räume des Erdgeschosses. Fenster und Türen erscheinen. Eine Bewegung der Hand, und die Treppe in das Obergeschoss wird gezimmert. Bad, Küche, Schlaf- und Kinderzimmer entstehen. Sie sind der imaginäre Baumeister, der aus dem Nichts ein Kleinod entstehen lässt. Ist Ihr Haus fertig, beziehen Sie erneut Position im Garten und betrachten es aus verschiedenen Perspektiven. Wieder können Sie mit einem einfachen Wischer die Fassade verwandeln, die Fenster umschmücken und die Proportionen gefälliger verändern. Dann endlich drücken Sie sich den Schlüssel in die Hand und öffnen die Haustüre. Sie schwingt leicht auf, und Sie können nun durch Ihr Haus streifen und es nach Ihrem Geschmack einrichten. Ein Blick aus den Fenstern verwandelt den Garten, lässt ihn erblühen und in verschiedenen Stimmungen erscheinen.

Die Imagination sollte gleichnishaft bleiben und keine konkreten Probleme aufgreifen.

Setzen Sie sich nun in einen Sessel, und erfreuen Sie sich an Ihrem Werk. Atmen Sie den Duft der Räume, der frischen Mauern, der neuen Möbel und der frischen Wäsche tief ein. Gehen Sie vor die Türe, setzen Sie sich auf die Terrasse, lassen Sie die Sonne auf sich, den Garten und das Haus scheinen. Vergleichen Sie Ihren ersten Entwurf vom Haus mit dem, was Sie dann letztlich geschaffen haben. Sehen Sie, wie der schöpferische Impuls Ihre Vision vom Traumhaus verwandelte, indem Sie die aufbauende Kraft frei fließen ließen.

Kraft schöpfen und Mut fassen

Sie fühlen sich abgespannt. Ihnen fehlt Entschlusskraft.
Anstehende Entscheidungen fordern Sie. Sie möchten
jemandem die Stirn bieten. Sie wollen aus Ihrem Trott
ausbrechen. Wahrheiten wollen von Ihnen ausgesprochen
werden. Sie wünschen sich dazu Kraft und Rückgrat.
In dieser Meditation machen Sie sich mit dem Ursprung
dieser Kraft vertraut und spüren, wie sie Ihnen zufließt.

Vorbereitung

Für die Sinne: eine Schale mit Olivenöl,
ein blaues Tuch als Schal oder ein blaues
Hemd, eine rote Kerze, Zedernduft
Für den Körper: Strengen Sie Ihre
Armmuskeln kurz an. Heben Sie etwas
Schweres, oder machen Sie eine
Hantelübung bzw. Liegestütze.
Imagination: einem Fluss von seiner
Quelle weg folgen
Reisedauer: ca. 10 Minuten

Anker zur Auswahl

Symbolische Anker: Brunnen, ein Pferd
zügeln, Fluss unter einer Brücke,
Kiesbank, Segelschiff
Sinnliche Anker: Duft von Wasser und
feuchten Wiesen, Geräusch von Wasserfall
oder Stromschnellen, Geschmack von
Bouillon

Meditationsablauf

Gehen Sie ein wenig auf und ab, und betrachten Sie die Gegenstände, die Sie bereitgestellt haben. Das Olivenöl symbolisiert Kraftreserven. Es ist Nahrung, Heil- und Pflegemittel und Lichtspender. Im Gleichnis von den klugen und törichten Jungfrauen ermahnt uns Jesus, unsere Glaubenskraft zu stärken und geduldig auf ein himmlisches Zeichen zu warten. Legen Sie sich nun das blaue Tuch um. Es ist ein Symbol für den Fluss, dem Sie folgen werden. Blau steht zudem für Mut und Geisteskraft. Das Rot der Kerze trägt hier etwas vom Licht des Mars, der den Krieger symbolisiert. Zedernduft stärkt den Mut und sorgt für Klarheit. Beim Betrachten der Gegenstände erahnen Sie bereits die Dimension des Mutes und spüren seine Kraft. Gleichzeitig sind Sie sich noch der vorausgegangen Anstrengung bewusst und spüren mit Ihren Armmuskeln auch das Reservoir Ihrer Kraft. Bleiben Sie jetzt mit leicht gespreizten Beinen stehen, und nehmen Sie eine aufrechte Haltung an. Ihre Arme hängen locker herab. Achten Sie auf Ihren Atem. Lassen Sie ihn bewusst ein- und ausströmen.

Sinnliche Anreize sprechen Ihre Gefühle an und verleihen so der Meditation Tiefe.

Stellen Sie sich vor, Sie haben die Quelle der Kraft während Ihrer Wanderung entdeckt. Machtvoll drückt sie aus dem Fels und sprudelt munter den Berg hinab. Es ist ein lebendiges Rauschen, und die Luft ist voll vom Duft frischen Wassers. Grün und klar liegt der Quellteich zu Ihren Füßen. Sie sehen tief hinab auf seinen Grund, wo Nixen wohnen.

Hier können Sie bereits einen ersten Anker werfen. Wählen Sie das Symbol des **Brunnens**. Verweilen Sie hier, und vertiefen Sie sich in die Bedeutung dieses Symbols. Dieser Anker bietet Ihnen auch die Möglichkeit einer Weggabelung. Sie führt Sie in die Tiefe des Brunnens. Forschen Sie bei diesem Tauchgang nach dem Ursprung der Kraft.

Nur wenige Schritte vom Quellteich entfernt, windet sich schon ein munteres Rinnsal durch eine saftige Bergwiese. Die Mächtigkeit der Quelle scheint sich hier im glucksenden Spiel des Wassers zu verlieren. Doch schon auf seinem Weg ins Tal vereint sich das Bächlein mit anderen zu einem kräftigen Wildbach, in dem Forellen den Berg hinaufschwimmen. Folgen Sie dem Bachlauf durch den Bergwald, lassen Sie sein Murmeln, Plätschern und Rauschen in Ihrem Ohr klingen. Dies ist die Kraft der Wandlung. Sie wäscht die Sorge über den Mangel fort. Das, was fehlt, hat keine Bedeutung mehr. Die fehlende Sorge schafft Raum für die Ihnen zuströmende Kraft. Bereiten Sie diesem werdenden Fluss sein Bett. Gleichen Sie sich dem Bachlauf an, werden Sie offen für das Geschehen, werden Sie selbst zum Bach. Sehen und hören Sie, wie er tosend die Klamm durchflutet, wie hier die Kraft des Wassers einst den Fels gespalten hatte. Dieses Tosen ist die Macht des Mutes, es ist der Ton der Kraft. Sie ist eine ursprüngliche Energie, der Sie folgen. Treten Sie nun heraus aus der Klamm. Das Tosen bricht ab, und Stille umfasst Sie. Geben Sie sich Zeit, darüber zu staunen. Genießen Sie nun die Lieblichkeit, mit der der Bach die

Drücken Sie ab und zu stimulierend Ihre Daumenkuppen, damit die Energien besser fließen.

blühenden Wiesen im Tal durchfließt. Spüren Sie, wie er sich verlangsamt, seine Wildheit zügelt, aber nichts von seiner Kraft verliert. An der nahen Mühle offenbart er sie erneut. Mit Leichtigkeit dreht er das schwere Mühlrad und wirbelt heiter davon. Es ist Ihre Kraft, die Sie in diesem Bild bemerken.

Da Sie während dieser Meditation stehen, korrigieren Sie wiederholt Ihre Haltung.

Jetzt dürfen Sie einen zweiten Anker werfen. Wählen Sie das Bild vom **gezügelten Pferd**. Es gleicht dem Bach, der das Mühlrad dreht. Es ist die kontrollierte Kraft, die Sie hier begleitet. Nicht mehr der ungezügelte Wildbach, sondern selbstbewusste Stärke tritt hervor. Verweilen Sie hier. Betrachten Sie das Bild, und bedenken Sie dazu die starke Symbolik der Mühlräder. Hier führen Geduld und Weile zum Erfolg. Lernen Sie dadurch den Mut zu verharren kennen.

Nehmen Sie nun Ihre Wanderung wieder auf. Beobachten Sie, wie sich das Wasser mit Zuflüssen mischt, wie sich seine Farbe verändert und der Bach allmählich zu einem Fluss anschwillt. Gleiches widerfährt Ihnen mit dem frisch geschöpften Mut. Er wird wachsen. Ebenso, wie sich jugendlicher Übermut zu kontrolliertem Wagemut und schließlich zur Unerschrockenheit auswächst. Lassen Sie diesen Zufluss an Kraft zum Selbstvertrauen anwachsen. Mut ist eine Tugend, die so edel und schön ist wie der seidene Spiegel des Flusses, dem Sie folgen, mit all seinen sichtbaren Strömungen und seiner verborgenen Wildheit. Aus seinem Wellenschlag, seiner Trägheit und seinen Schnellen lässt sich seine machtvolle Präsenz lesen. Genauso werden es die kleinen Gesten sein, an denen man Ihren Mut und Ihre Kraft ablesen wird. Sie spüren diese Präsenz ebenfalls. Blicken Sie voraus, erkennen Sie eine steinerne Brücke, die sich über den Fluss spannt. Verharren Sie in ihrer Mitte über dem Fluss. Beugen Sie sich über die Brüstung, sehen Sie, wie sich das Wasser am Brückenpfeiler teilt. Inmitten der Strömung haben Sie einen festen Stand. Sie schnellt auf Sie zu, ohne Sie mitzureißen. Strecken Sie Ihre Arme hoch, und halten Sie die Hände über Ihrem Kopf mit den Handrücken aneinander, so, als wollten Sie eine kräftige Schwimmbewegung machen. In Ihren Handflächen spüren Sie, wie das kühle Wasser Sie umströmt. Sie spüren die vorwärtsdrängende Kraft; das Selbstbewusstsein, das in solcher Stärke liegt. Es fließt auf Sie über. Es durchtränkt Sie und trägt Sie mit sich fort. Sie werden zu einem Teil des Flusses. Geben Sie sich diesem Strom hin, und fließen Sie mit ihm. Sind Sie so ganz im Fluss, verschmelzen Vergangenheit und Zukunft. Das Gegenwärtige dehnt sich zum ganzen Sein, in dem alles Leben enthalten ist. Sie fließen mit ihm, spüren die Quelle und die Mündung. Sie erfahren, was es heißt, Vertrauen zu seinem Sein zu haben. Achten Sie auf den unvergleichlichen Duft dieser Urkraft.

Ein möglicher sinnlicher Anker wäre jetzt der **Duft von Wasser und feuchten Wiesen**. Beenden Sie an dieser Stelle die Meditationsreise, indem Sie dem Fluss für Ihre Stärkung danken. Verabschieden Sie sich von ihm. Lassen Sie nun Ihre Arme sinken, und lockern Sie sie. Setzen Sie sich bequem hin, und atmen Sie

Imaginierte Düfte lassen sich häufig wirklich sinnlich in der Handfläche wahrnehmen.

tief durch. Wenn Sie jetzt Ihre Handflächen leicht ineinandergleiten lassen, werden Sie die geschöpfte Kraft körperlich spüren: Ihre Hände scheinen wie Ihr Geist mit Energie geladen.

Anschlussreisen

Nach dem meditativen Stehen wechseln Sie jetzt Ihre Haltung und legen sich auf den Rücken.

Das Bild der **Brücke** in Ihrem Gedächtnis ist ein Anker. Sie können sich von hier aus aufmachen, um erste Mutproben zu bestehen. Dies entspräche einer Abzweigung Ihrer Meditationsreise. Wollen Sie weiterziehen, dürfen Sie jetzt das Ufer wechseln. Vom neuen Ufer aus betrachten Sie das Gewohnte aus einer anderen Perspektive. Verstehen Sie diesen Perspektivwechsel auch als eine Herausforderung, Probleme Ihres Alltags mit anderen Augen zu sehen. Dieser Blickwechsel böte sich auch als weitere Abzweigung an, indem Sie sich gedanklich einem konkreten Problem stellen und ihm in herausfordernder Weise begegnen. Hierbei dürfen Sie Ihren Mut meditativ erproben, was Ihnen später in der Wirklichkeit zugutekommen wird. Denn die in dieser Meditation geschöpfte Kraft bleibt in Ihnen wie in einer Batterie gespeichert. Setzen Sie Ihre Wanderung den Fluss entlang fort, imaginieren Sie, wie er rasch mit einem gleich starken Fluss zusammenfließt und sich beide Gewässer zu einem noch mächtigeren Strom vereinen. Diese Vereinigung ist ein starkes Symbol für eine höhere, ja himmlische Dimension, nämlich die Vereinigung von männlicher und weiblicher Kraft, um neues Leben zu zeugen. Dieses Bild offenbart somit einen besonders schöpferischen Moment in Ihrer Meditation. Denken Sie sich dazu auf die Landspitze zwischen beiden Flussmündungen, müssen Sie, um Ihre Reise fortsetzen zu können, in den Strom steigen und mit ihm schwimmen. Hier werden dann **Kiesbänke** zu hilfreichen Ankern, um zu verharren und über die gewonnenen Eindrücke und Empfindungen nachzudenken und sie weiter zu verinnerlichen. Gleichzeitig stehen Kiesbänke auch bildhaft für das Zusammentragen einzelner Teilchen zu einem großen Ganzen bei Erhaltung der Vielfalt. Derart sind sie ein Zeichen für inneren Reichtum.

Die Reise endet, sobald sich der Strom ins Meer ergießt. Dieses Sich-im-noch-Größeren-Verlieren bewirkt einen besonders starken meditativen Effekt. Gelingt es Ihnen hier nämlich, widerstandslos zu strömen, kehrt Stille in Ihr Gemüt ein. Ihre Gedanken sind dann nicht mehr gelenkt, sondern fließen lautlos wie die Wasser. Sehen Sie hier nur zu, wie der Strom das blaue Meer verfärbt, um alsbald sich mit ihm zu vermischen und allmählich farblich in ihm aufzugehen. Nehmen Sie hier bildhaft Fahrt mit einem Segelschiff auf, haben Sie einen weiteren Anker, um wieder zurückzufinden in diesen großen Moment Ihrer Meditation.

Auf einer Abzweigung begeben Sie sich in ein Sagenland oder stellen sich der Realität.

Harmonie – Friede, Freude, Herzensgüte

In Harmonie zu leben ist ein menschlicher Wunsch. Der Wunsch indes weist auf die Schwierigkeit, Harmonie zu erhalten. Einklang verkehrt sich oft zur Monotonie, der Ton erlischt. Dissonanz macht den Verlust hörbar. Sie führt zurück in jene Stille, in der sich der Ton verlor. Meditation ist unser Instrument, das die Harmonie wieder hörbar macht. Sie wird zur Schwingung, die die Seele heilt.

Die Freude am Einklang und sich wandelnder Bewegung

Ein Weg zum unbeschwerten Leben sind Übereinstimmung, Gleichklang und Duldsamkeit. Eigenschaften, die wir unter dem Stichwort Harmonie versammeln. Ihre positive Stimmung sollten wir jedoch nicht mit Anpassung und Willfährigkeit erkaufen. Harmonie ist vielmehr der konzertante Wohlklang vieler Stimmen. Die Reise unter dem Thema »Lassen und belassen« greift ein zwiespältiges Bild auf, bei dem Sie auf einer Grenzlinie von konstruktiven und destruktiven Energien entlangwandern. Es sind die Gefühlsebenen Gelassenheit und Verspannung, die hierbei zusammenwirken. Bei der Reise »Mit meiner Welle gleiten« werden Sie Harmonie als eine sich wandelnde Bewegung erfassen. Die Konzentration auf den Augenblick wird hierbei zum Schlüssel. Harmonie ist kein Ziel, sondern wie die Meditation ein Seinszustand. Der Anker des Delfins ist das stimmungsstiftende Grundsymbol dieser Reise.

EIGENSCHAFTEN VON HARMONIE				
	Gelassenheit	Friedfertig-keit	Standhaftig-keit	Harmonie	Wirklichkeit
Farbe	Sommergrün	Weiß	Umbra	Knallblau	Signalgrün
Duft	Jasmin	frische Wäsche	Erde	Rahm	Sommertag
Tier	Ochse	Schaf	Elefant	Delfin	Pferd
Bild	meditieren-der Mönch	pflügender Bauer	Priester	Tanzpaar	Stadtland-schaft
Sache	Stundenglas	Olivenzweig	Turm	Harfe	Stein

	Verspannung	Streitbarkeit	Wankelmut	Dissonanz	Traum
Farbe	Helloliv	Hochrot	Safrangelb	Zementgrau	Himmelblau
Duft	Fichte	Eisen	Sand	Zwiebel	Wasser
Tier	Grille	Stier	Rebhuhn	Krähe	Murmeltier
Bild	Hochspan-nungsmast	Ritter	Wind im Kornfeld	Ruine	Wolkenbilder
Sache	Bogen	Messer	Kreisel	Scherben	Kissen

Lassen und belassen

Belasten Sie anstehende Entscheidungen? Sollen Sie es allen recht machen? Fühlen Sie sich in eine Richtung gedrängt, die nicht die Ihre ist? Häufig sind es scheinbar unverrückbare Pflichten und Forderungen, die uns Zwänge auferlegen. Wollen Sie ihnen entkommen, sollten Sie den Stellenwert hinterfragen und Ihre wahren Aufgaben erkennen. Diese Meditation schärft Ihren Blick dafür.

Vorbereitung

Für die Sinne: ein Leuchter mit drei Kerzen, eine Tasse Tee, ein Plüschtier auf dem Schoß, Räucherwerk mit Benzoe
Für den Körper: Warten Sie mit der Meditation auf die Abendstille. Brechen Sie sich zuvor ein Zweiglein von einem Immergrün.
Imagination: eine Mauer entlangwandern und ihre Veränderungen betrachten
Reisedauer: ca. 10 Minuten

Anker zur Auswahl

Symbolische Anker: Scherben auf der Mauer, Mauerdurchbruch, über die Mauer ragende Äste, Mauer als Windschutz, Brücke über die Mauer
Sinnliche Anker: ein Stein, ein Efeublatt, die Tarotkarte »Sonne«, das Geräusch des Windes

Meditationsablauf

Lassen Sie den Zweig vom Immergrün durch Ihre Finger gleiten. Sie riechen seinen herben Duft vor dem Hintergrund des süßlichen Aromas der Benzoe. Das Immergrün, das kann eine Tanne, ein Buchsbaum oder Thujabusch sein, ist ein Symbol der Lebenskraft. Es überdauert Frost wie Hitze. Besinnen Sie sich auf diese Eigenschaft, und lassen Sie sie auch für sich zu. Können Sie bei sich bleiben, auch wenn sich ringsum Ihre Umgebung verändert? Können Sie die sich wandelnden Dinge in Ihrem Wandel belassen, ohne sie mit dem, was zuvor war, zu vergleichen?

Stellen Sie sich vor, Sie wachsen als Kind in einem Schloss auf dem Lande auf. Eine starke Mauer schützt den Park, in dem Sie spielen, vor ungebetenen Eindringlingen. Es ist eine heile Welt, in der Sie sich bewegen. Sie ist voll Sonnenschein und Frieden. Manchmal blicken Sie über die Mauer, doch was Sie auf der anderen Seite sehen, scheint rauh und wüst. Es reizt Sie nicht. Aber je größer Sie werden und Ihr Kindsein abstreifen, umso intensiver empfinden Sie die Mauer des Schlossparks als beengend. Sie wollen sie zwar überwinden, doch Sie fürchten sich zugleich vor dem Unbekannten hinter der Mauer. An einem schönen Maitag jedoch schnüren Sie Ihren Rucksack und machen sich auf den Weg, die Welt hinter der Mauer zu erkunden. Allerdings sind Sie vorsichtig, und so laufen Sie ein Stückchen neben der Mauer, ziehen sich hin und wieder daran hoch und laufen auf ihr entlang. Doch sobald es

Massieren Sie sich als Stimulans mit den Fingerspitzen beidseitig sanft die Schläfen.

71

jenseits der Mauer ein wenig ungemütlich wird, springen Sie rasch wieder zurück in den gepflegten Schlossgarten.

Befühlen Sie ab und zu Ihren Stein, um den sinnlichen Eindruck der Mauer zu verstärken.

An dieser Stelle können Sie mit der **Karte »Sonne« aus dem Tarot** einen sinnlichen Anker auswerfen. Betrachten Sie die Karte, und denken Sie an eine ähnliche Zuflucht Ihrer Kindheit. Benennen Sie ein Refugium für Ihre Seele, an dem Sie so sein können, wie Sie sich in Ihrem Innersten empfinden. Dies sind Gärten der Seele, die Sie zu weiteren Meditationen einladen.

Je länger Sie der Mauer folgen, umso unwirtlicher wird auch der Schlossgarten und unterscheidet sich bald kaum mehr vom Wildwuchs außen. Da sehen Sie einen Durchlass vor sich und gehen auf ihn zu. Sie schlüpfen hindurch und finden sich in einem neuen Park wieder, der dem Garten Ihrer Kindheit ähnelt. Nur ist er ausgedehnter und moderner angelegt. Sie suchen nach Gemeinsamkeiten und Unterschieden, und je weiter Sie in den Park blicken, umso vertrauter wird er Ihnen, obwohl er seine Fremdheit nicht verliert. Und wieder folgen Sie der Mauer, die diesen Park umfasst. Sie ist zwar eine Fortsetzung der heimatlichen Mauer, doch diesmal ist sie ein merklicher Schutz. Denn vor ihr breitet sich eine große Sandwüste aus. Der Wind aus der Wüste weht den Sand vor die Mauer, und an manchen Stellen türmt er sich so hoch, dass er fast die Mauerkrone erreicht. Doch kaum lässt der Wind nach, rutscht er wieder zurück. So weht zwar kein Wüstensand über die Mauer, dafür nagt er fortwährend an ihr. An manchen Stellen ist sie bedenklich dünn geworden, und es ist nur noch eine Handbreit Ziegelwerk, das die Wüste abhält. Es reizt Sie, den Widerstand der Mauer zu prüfen, und Sie drücken gegen die dünnen Ziegel. Bricht sie ein, wird die Wüste in den Park eindringen und diese Oase versanden. Doch die Mauer hält. Mutiger geworden, treten Sie fest dagegen, doch sie gibt nicht nach. Nun wollen Sie ganz sicher sein und prüfen, ob denn die Mauer an ihrer dünnsten Stelle auch noch stärksten Stürmen standhält. Sie nehmen einen starken Ast und schlagen gegen die Wand. Doch da erscheint ein Bild in der Mauer. Es ist Ihr Bild. Sie zögern und lassen den Ast fallen. Sie fahren mit der Hand über Ihr Bild, und Sie spüren, wie Ihre Hand Sie selbst streichelt. Sie verstehen, die Mauer ist nur so fest, wie Sie an ihre Festigkeit glauben. Wieder wollen Sie sich an der Mauer hochziehen, doch erschrocken fahren Sie zurück. Die Mauerkrone ist mit Scherben gespickt. Beinahe hätten Sie Ihre Hände an ihnen aufgerissen. Doch es ging noch einmal gut. Die Scherben sollen die wilden Tiere aus der Wüste abhalten. Mit einem Mal sehen Sie die Mauer mit anderen Augen. Sie ist nicht nur ein Grenzwall, der Sie einengt, sondern sie bewahrt auch den Park, der Ihre Oase ist.

Die **Scherben** auf der Mauerkrone sind Anker und Weggabelung zugleich. Denn einmal kann hier die Mauer zum Gefängnis werden, das Sie selbst durchbrechen müssen. Ein anderes Mal kann dieses Bild eine Warnung sein, Grenzen nicht zu überschreiten. Auch kann es Sie dazu anregen, die Mauern in sich abzugehen, um jene zu finden, die Sie schleifen sollten.

Was soll Ihre Mauer beschützen? Pflanzen Sie dafür gedanklich einen Baum in den Park.

73

Wollen Sie Grenzen überwinden, hilft Ihnen diese Meditation bei Ihrem Wagnis.

Gehen Sie nun weiter an der Mauer entlang, und entdecken Sie weitere Durchbrüche, die Ihnen den Blick in neue Parkanlagen erlauben. Einmal wechseln Sie hinüber, einmal bleiben Sie auf der gewohnten Seite. Es ist, als würden Sie in einem Irrgarten ohne Ausgang spazieren. Sein Zweck ist allein derjenige, Sie an seiner Grenze spazieren zu lassen und dabei die Begrenzung stets weiter auszudehnen. Ein Paar Schritte vor Ihnen ragt ein begrünter Ast über die Mauer. Sie bleiben stehen und lauschen dem Wind, der Sie auf dem ganzen Weg an der Mauer entlang begleitete. Er heulte aus den Weiten der Wüste, flüsterte aus unbekannter Ferne und war Ihnen bislang nicht aufgefallen. Doch jetzt, wo Sie dem Wind lauschen, ist es plötzlich still um Sie. Windstille, kein Blatt bewegt sich am Ast vor Ihnen. Jetzt, wo Sie sich des Windes bewusst sind, hat er sich gelegt, dafür empfinden Sie ihn nun so unmittelbar, als würde er an Ihren Kleidern reißen und Ihr Haar zerzausen. Doch es ist nur still. Selbst die Vögel im Park haben ihren Gesang eingestellt. Wo ist der Wind geblieben?

Sie springen hoch und greifen nach dem Ast. Es ist eine kräftige Buche. Sie ziehen sich auf die Mauer hoch und wundern sich. Da steht am Rande der Wüste diese Buche. Es ist eine prächtige, weit ausladende Buche. Sie muss schon sehr alt sein. Sie steht nicht allein. Sie ist Teil eines kleinen Hains, der hinter der Mauer wächst. Es waren Bäume aus dem Park, die sich hier aussäten. Vögel und Eichkätzchen haben die Samen in die Wüste getragen. Hier schlugen sie Wurzeln und wuchsen zu Bäumen heran. Nicht die Wüste hat den Park erobert, sondern das Leben ist aus dem Park in die Ödnis gewandert. Beharrlich und mit viel Geduld hat es sich seinen Raum erobert. Sie steigen von der Mauer in den Baum und klettern in seine Krone. Sie ist stark und trägt sie. Von hier aus blicken Sie weit in die Wüste. In der Ferne sehen Sie vereinzelte Haine wie kleine Oasen, und Sie ahnen, dass auch die Öde nicht so unwirtlich ist, wie sie Sie vom Park her anmutete. Sie ist nicht so lebensfeindlich, wie Sie dachten, sondern nur eine andere Form des Lebens. Es ist zwar eine karge, genügsame Lebensform, die aber nicht weniger lebendig ist als diesseits der Mauer. Sie ist, wie sie ist, nicht mehr und nicht weniger wert. Sie ist anders, doch von derselben Kraft.

Sie können weit in den Park hineinblicken. Sie sehen die Mauer, die Sie entlanggelaufen sind. Sie sehen ihre Verästelungen und erkennen die Nebenhöfe, die sie umschließt, und verstehen den Sinn der Anlage. Es ist eine gewachsene Struktur, die sich mit der unwirtlichen Umgebung arrangierte. Zwei grundverschiedene Lebensformen harmonisieren so miteinander. Die Mauer ist nicht die Grenze, sondern die Linie der Begegnung und des Austausches.

Meditieren Sie über den Wechsel von Werden und Vergehen. Sie kommen dabei zur Ruhe.

Sie blicken die Mauer entlang den Weg voraus, den Sie noch gehen müssten, und Sie beschließen, hier in diesem Baum, in seiner Krone sitzen zu bleiben. Sie sehen, wie in der Wüste der Wind wieder anhebt, er hebt den Sand hoch und treibt ihn gegen die Mauer. Mit einem Male blicken Sie weit in die Zeit voraus und erleben im Zeitraffer, wie der Wind die Mauern abträgt, sie zu Sand zermahlt, der sich mit der Wüste mischt; wie erneut Mauern aufgeschichtet werden und wieder verwehen.

Anschlussreisen

Die sinnlichen Anker **Stein und Wind** verbinden sich für eine Vision. Solange Sie den Wind hören, sind sie frei und von keiner Mauer umschlossen. Haben Sie aktuell ein Problem, so bedenken Sie es gründlich und schichten dazu gleichzeitig vor Ihrem geistigen Auge einen Sorgenstein nach dem anderen auf, bis Sie in einem Turm gefangen sind.

Lassen Sie sich nach dieser Reise ein wenig Zeit, um wieder in der Realität anzukommen. Spüren Sie dem Freiheitsgefühl nach.

Versuchen Sie nun, aus diesem Turm auszubrechen. Laufen Sie im Turm rundum und suchen den Ausgang. Es gibt ihn nicht. Sie sind in diesem Turm gefangen. Ausbrechen ist unmöglich. Befreiung dagegen möglich. Geben Sie den Versuch auf, auszubrechen. Setzen Sie sich in die Mitte des Turms. Hoch oben über Ihnen glänzt ein Stück Himmel. Erinnern Sie sich, wie Sie die Steine aufgeschichtet haben. Jeder Stein war ein schwerer Gedanke. Lassen Sie sie allesamt los. Entspannen Sie sich. Wenn Sie weich und locker werden, fallen einzelne Stein aus der Wand. Lassen Sie sie fallen. Erinnern Sie sich, dass der Sorgenturm nur aus Ihren Sorgen besteht. Lassen Sie sie los, dann fällt er in sich zusammen, und Sie sind wieder frei.

Mit meiner Welle gleiten

Einmal die Seele baumeln lassen und ganz in der Welt aufgehen. Ihre Schönheit mit allen Sinnen empfinden. Dieses
Sehnen entspringt dem Herzenswunsch nach Frieden und
Einklang. In solcher Ruhe liegt die Kraft. Es ist keine
beliebige Kraft, die wir dort suchen, sondern Lebenskraft.
Himmlische Energie, die uns erbaut und beschwingt. So
beflügelt, finden wir Freude und Freunde.

Vorbereitung

Für die Sinne: ein blaues Seidentuch,
klassische Musik, frische Luft,
eine geschwungene Glasvase
mit Wasser
Für den Körper: Wenn möglich,
schwimmen Sie vor der Meditation.
Imagination: mit einer sich mehrmals
wandelnden Welle mitrollen
Reisedauer: ca. 15 Minuten

Anker zur Auswahl

Symbolische Anker: Surfbrett,
Taktstock, Spuren im Sand, Wolken,
Möwenflug, Hügelkette, Brunnen,
ein Pferd zügeln, Fluss unter einer
Brücke, Kiesbank, Segelschiff
Sinnliche Anker: Salzwasser, Vogelfeder,
Delfinfigur, eine klassische Weise

Meditationsablauf

Lassen Sie sich, wenn Sie vor der Meditation schwimmen, eine kleine Weile vom Wasser tragen. Treiben Sie entspannt auf dem Rücken. Genießen Sie es, mit dem Element Wasser eins zu sein. Später schauen Sie auf das blaue Seidentuch und erinnern sich an dieses Gefühl. Entfalten Sie das Tuch, bewegen Sie es sanft hin und her, und sehen Sie ihm zu, wie es sich wie eine Welle wiegt. Wie es von der Luft getragen wird, so, wie Sie kurz zuvor das Wasser trug.

Streichen Sie als Stimulans mit der linken Hand sanft über die rechte Handfläche.

Streichen Sie mit beiden Händen über den kühlen Schwung der Glasvase, und stellen Sie sich vor, wie Sie mit einem gläsernen Surfbrett ins Meer laufen. Sie schwingen sich bäuchlings auf das Brett und paddeln mit schnellem Schlag hinaus, dorthin, wo haushohe Brandung sich bricht. Näherkommend, hören Sie den Rhythmus der Welle. Hören ihr wiederkehrendes Rollen und ihren tosenden Zusammenbruch. Kurz vor der Sohle des Wellenberges halten Sie inne und passen den besten Zeitpunkt ab, die Welle anzugehen. Im gleichen Augenblick, in dem die alte Welle krachend überkippt, schießen Sie auf die sich aufbauende neue Welle zu. Die ersten paar Schläge führen Sie hinab in das Wellental, dann gleiten Sie auf Ihrem Brett liegend bereits den Berg aus Wasser hinauf. Noch zwei, drei kräftige Schläge, schon ist es so weit, dass Sie sich aufrichten und auf das Surfbrett stellen können. Mit entschlossenem Tritt drücken Sie seinen Bug parallel zur Woge, und schon reiten Sie die Welle, gleiten unter ihrem schäumenden Kamm entlang. Die Strömung zieht Sie dem Grat entgegen, während Sie gleichzeitig den sich weiter aufbauenden Wellenberg hinabsurfen. Schon dreht die Welle über Ihrem Kopf, da jagen Sie die Wasserwand entlang aus der Röhre hinaus und gleiten hinter der Woge, die tosend in sich zusammenbricht. Sie haben es geschafft, Sie haben Ihre erste Welle gestanden.

Ihr gläsernes Board schillert in vielen Farben, unter ihm sehen Sie einen Schwarm bunter Fische vorbeiziehen. Wieder gleiten Sie in ein Wellental, diesmal ist es eine besonders mächtige Woge, die Sie ansteuern. Die See vor sich zieht Sie rasant an. Sie nehmen noch mehr Fahrt auf und stürzen noch tiefer in das Wellental. Knapp über dem schroffen Meeresgrund steigen Sie in die Welle hinauf, ziehen hoch in die Wasserwand, stehen fast senkrecht, ehe Sie das Brett nach unten drücken und mit höchster Eleganz diesen Riesenberg aus Wasser hinabjagen. Es ist eine Superwelle, die Sie da reiten. Sie erstreckt sich über die ganze Bucht hin und rollt stabil dem fernen Strand entgegen. Sie stehen auf der Woge, als hätten Sie kein Brett unter den Füßen, und gleiten mit einem Mal in vollkommener Stille. Die Sonne zeichnet in die Gischt einen Regenbogen. Unter Ihrem Brett tanzt ein Delfin durch die Welle. Er begleitet Sie. Er fliegt in einem kurzen Bogen neben Ihnen, taucht wieder in die Welle zurück und spielt einmal vor, einmal hinter Ihnen. Sie wirken wie ein eingeübtes Tanzpaar, das hier eine schier endlose Wasserwand durchsurft. Behalten Sie den

Lassen Sie sich Zeit zwischen den Bildern, teilen Sie die kraftvolle Ruhe in deren Bewegungen.

wundervollen Schwung bei, der Sie auf der blauen Woge weiterträgt. Werden Sie zur Woge.

Greifen Sie jetzt zur **Delfinfigur**, halten Sie einen Anker in der Hand, der Sie jederzeit zu diesem Augenblick zurückführen kann. Es ist ein Moment beglückten Gleitens in einer überirdischen Sphäre. Sie können nun in die Figur des Silbersurfers schlüpfen, der auf seinem futuristischen Brett durch die Weiten des Weltalls fliegt. Oder Sie wandeln sich zum Delfin und durchpflügen singend und spielend den Ozean. In beiden Fällen gehen Sie in der Harmonie der Bewegung auf. Energie und Schwingung werden eins. Es wird ein himmlisches Gleiten!

Genießen Sie das Gefühl des Schwebens. Atmen Sie in Ihr Herz, werden Sie noch leichter.

Blicken Sie hinauf in den Himmel, sehen Sie Möwen, die Ihren Ritt auf der Welle ebenfalls begleiten. Heften Sie jetzt Ihren Blick auf die bogenförmige Wolkenlinie, der die Möwen zu folgen scheinen, und spüren Sie, wie Sie leicht und schwerelos werden. Sie breiten Ihre Arme aus und lösen sich von der Welle und steigen vom Wind getragen in die Lüfte. Sie fliegen über dem Meer, unter Ihnen rollt die Welle dem Strand entgegen und bricht schäumend in sich zusammen. Ihre Finger spielen leicht in der Luft. Mit diesen kleinen Bewegungen lenken Sie Ihren Flug. Folgen Sie dem Schwung der Welle, und fliegen Sie landeinwärts. Die Sonne wärmt Ihren Rücken. Unter Ihnen wechselt das Blau des Meeres zur grünen Graslandschaft. Sie spüren, wie Ihnen die Luft ebenso festen Halt gibt wie zuvor das Wasser. Drehen Sie sich gegen den Wind, stehen Sie in der Luft. Mit leichtem Fingerspiel stabilisieren Sie sich. Sie können nun im Himmel schwebend mit Adlerblick jedes Detail unter sich erkennen. Dies hebt Sie quasi in den Stand der Allwissenheit, denn wohin Sie auch gleiten, können Sie das Geschehen unter sich beobachten. Dabei sehen Sie nicht nur, was geschieht, sondern erkennen auch, warum etwas geschieht. Sie blicken in die Seelen der Menschen und erahnen deren Motive. Gibt es jemanden, dem Sie nahe sein wollen, können Sie ihm jetzt ein Stückchen näherrücken. Fliegen Sie ihm entgegen, und schweben Sie über ihm, so dass Ihr Schatten ihn streift. In dieser Weise berühren Sie seine Seele und können ihm einen guten Gedanken schenken.

Greifen Sie jetzt nach der bereitgelegten **Vogelfeder**, setzen Sie einen Anker, um bei passender Gelegenheit rasch in diese Stimmung zurückzufinden. Hierdurch wird es Ihnen möglich, die seelische Harmonisierung mit einer anderen Person durch Ihre Meditationskraft anzuregen und zu unterstützen.

Ein leichter Flügelschlag, und schon nehmen Sie Ihren Flug wieder auf. Lassen Sie sich vom Wind treiben. Betrachten Sie die wechselnde Landschaft unter sich, und freuen Sie sich daran, den Wolken so nahe zu sein. Tanzen Sie auf den Windböen, und genießen Sie die Freiheit, so ungebunden durch den Himmel zu segeln. Greifen Sie jetzt dem Wind voraus, werden Sie noch ein Stückchen leichter und mit jedem Greifen noch ein wenig mehr. Strecken und räkeln Sie sich, und drehen Sie sich ganz spielerisch um Ihre

Wenn Sie leise eine freie Melodie summen, festigen Sie in sich die Kraft dieser Meditation.

81

eigene Achse. Jetzt können Sie jeder Bewegung des Windes augenblicklich folgen. Sie jagen hoch und nieder, verwirbeln eine Wolke vor sich und fegen im nächsten Augenblick hinab zur Erde, um einen Baum zu schütteln, und schon fliegen Sie wieder der Sonne entgegen. Ja, Sie haben sich längst in den Wind selbst verwandelt und spielen mit den Vögeln, die sich Ihnen anvertrauen, ebenso wie mit den Dingen auf der Erde. Dann sausen Sie fort und biegen die Bäume des nahen Waldes, blasen ein paar Wolken vor sich her und folgen gleich einer Melodie dem sanften Auf und Ab der Hügel und Täler. Das Grün der Wälder stimmt Sie milde, und Sie wehen sanft über das Hügelland. So schmeicheln Sie Natur und Mensch, denen die kühle Brise nach einem heißen Mittag Erleichterung verschafft. Jetzt mag man aus dem Schatten treten und seine Arbeit wieder aufnehmen. Sie aber wehen weiter und lassen die Bewegung ausklingen. Als laues Lüftchen, das mit den Schmetterlingen spielt, treffen Sie auf das Vorgebirge und sinken in einen Wiesenhang. Von hier aus können Sie weit zurückblicken. Ein Windhauch fächelt Ihnen eine Brise Meeresduft zu. Sie strecken sich im Gras zwischen den Wiesenblumen. Die Sonne scheint Ihnen wärmend ins Gesicht, und Sie sind eins mit sich und der Welt.

Wiegen Sie sich mit den imaginierten Bewegungen, erfrischen Sie Körper und Geist.

Legen Sie ein klassisches Musikstück auf, und bleiben Sie so ausgestreckt wie auf der Wiese liegen. Überdenken Sie jetzt Ihre Reise nicht mehr, sondern lauschen Sie ganz der Musik, und schwingen Sie mit ihr. Sie werden ihren Weisen leicht folgen können und dabei gute Energien aufnehmen.

Anmerkungen

Diese Meditationsreise glich einer einzigen harmonischen Bewegung. Trotzdem war diese Harmonie kein eintöniger Gleichklang, sondern eine abwechslungsreiche Folge mit wechselnder Dynamik. Dies macht grundsätzlich das Wesen eines harmonischen Miteinanders aus. Annäherung, Distanz und Bindung im alltäglichen Miteinander ist folglich auch die notwendige Bewegung, die das Zwischenmenschliche vorantreibt und belebt. Diese Meditationsreise lässt Sie diese Schwünge deutlicher erleben und führt Sie näher an sie heran, wodurch sich Ihr Alltag in der Tat harmonischer gestaltet. Mit dieser Meditationsreise begegneten Sie den vier Elementen Feuer, Wasser, Luft und Erde. Sie haben sie zu einer gültigen Bewegung verbunden und sich hierdurch einen höheren Raum erschlossen. Denn schwingen die vier Elemente in Harmonie zusammen, stellt sich als fünftes Element der Äther ein, der den göttlichen Atem symbolisiert. Diese Kraft werden Sie als innere Zufriedenheit und Zuversicht empfinden. Während der Meditationsreise können Sie durch veränderte Körperhaltung rasch die elementaren Zustände wechseln. Oft genügt schon eine klare Geste, zum Beispiel in den Himmel deuten, und Sie schwingen in eine andere Ebene. In dieser Weise können Sie über mögliche Abzweigungen Ihr Inneres tiefer erforschen und Ihren Gefühlen klaren Ausdruck verleihen.

Blasen Sie durch Ihre Handflächen, tragen Sie etwas vom Schwung der Meditation in Ihren Tag.

83

Dominanz – Arbeit, Mut, Leidenschaft

Dominanz im hier gebrauchten Sinn ist Selbstbehauptung. Dahinter wirkt pure Lebenskraft. Sie ist Daseinswille und Daseinsfreude. Dominanz stammt vom lateinischen »domus« für Haus und weist darauf hin, dass wir unser Heim in dieser und keiner anderen Welt einrichten wollen. Daheim zu sein, Heimat zu haben, ist ein existenzielles Grundgefühl. Meditation wird dabei zur zweiten Heimat.

Liebevoll mit sich und dem Nächsten umgehen

Wir müssen uns unserer Selbstliebe nur dann schämen, wenn wir darüber die Liebe zum Nächsten verlieren. Ein starker Freund ist ein verlässlicher Freund. Wissen wir, was wir selbst wollen, sind wir aufrechte Partner.

Die erste Meditation »Vorbild und Ansporn« führt Sie in die Antike, eine Zeit, in der man menschliches Schicksal als Spiel der Götter verstand. Sie hilft Ihnen, Ihr Geschick zu erkennen und mit den Göttern zu handeln. Es sind die Gefühlsebenen Neid und Wohlwollen, die hierbei zusammenspielen.

Mit der zweiten Meditation »Mein erster Freund sein« beginnen Sie eine Freundschaft mit sich selbst. Dies weist auf den Ausgleich der beiden Gefühlsebenen Eigen- und Gemeinsinn hin. Ihre Wesenszüge stehen nur scheinbar in einem Widerspruch. Sie besitzen wie alles Widersprüchliche starke, einander ergänzende Verbindungen.

EIGENSCHAFTEN VON DOMINANZ				
	Heftigkeit	**Sprunghaf-tigkeit**	**Neid**	**Tatkraft**	**Eigensinn**
Farbe	Gelbrot	Maigrün	Giftgelb	Rubinrot	Anthrazit
Duft	Pfeffer	Eukalyptus	Zitrone	Kaffee	Zeder
Tier	Hornisse	Chamäleon	Skorpion	Hund	Pfau
Bild	Kratzwunde	Frosch	Denunziant	Schmied	Paparazzo
Sache	Trillerpfeife	Tamburin	Kralle	Hammer	Krone
	Duldsamkeit	**Geradlinig-keit**	**Wohlwollen**	**Faulheit**	**Gemeinsinn**
Farbe	Violett	Purpur	Kupfer	Gelbbraun	Orange
Duft	Veilchen	frisches Holz	Flieder	Moder	Vanille
Tier	Schildkröte	Steinbock	Bär	Faultier	Biene
Bild	Nonne	Richter	Fürst	Fallobst	Almosen geben
Sache	Watte	Zepter	Honig	Kissen	Weinglas

Vorbild und Ansporn finden

Es gibt gelben und weißen Neid. Gelber Neid ist Missgunst. Weißer Neid bedeutet: »Das ist großartig, das möchte ich auch erreichen.« Weißer Neid ist Ansporn, uns selbst zu verbessern. Wählen Sie sich folglich ein positives Vorbild, geben Sie Ihrem Streben ein gutes Ziel. Es wird zum Ausdruck Ihrer Zuversicht und zeigt, dass Sie sich selbst an einem hohen Anspruch messen wollen.

Vorbereitung

Für die Sinne: eine gelbe und eine weiße Blume in einer Vase, Gold und Silber auf einem Teller, ein Fernglas, etwas Schlagrahm, Lilienduft
Für den Körper: Stellen Sie sich unter einen Baum, greifen Sie nach einem Ast.
Imagination: Ihre Weltkugel schultern, sich selbst adeln und einem Ideal folgen
Reisedauer: ca. 10 Minuten

Anker zur Auswahl

Symbolische Anker: eine Weltkugel, ein weißer Pfahl, ein Goldstück, Fußspuren, eine Felskugel, Hammer und Meißel
Sinnliche Anker: ein Spiegel, weiße Schokolade, der Klang polternder Steine, ein Bild mit jubelnden Menschen

Meditationsablauf

Wenn Sie sich nach dem Ast an einem Baum strecken, wählen Sie einen, von dem Sie glauben, dass Sie ihn wahrscheinlich nicht mehr fassen können. Nur dann strecken Sie sich höher, als Sie glauben, und falls der Ast wirklich zu hoch ist, springen Sie nach ihm. Betrachten Sie die beiden Blüten in der Vase, vielleicht sind es zwei Lilien. Schnuppern Sie an ihnen, denn der Atem des Erfolges ist wie ein Lilienduft. Schließlich ist die Lilie die Blume der Fürsten.

Schließen Sie nun die Augen, und lassen Sie sich von dem Bild der Lilie leiten. Sie führt Sie in einen Thronsaal, der in Gold und rotem Samt prunkt. Die Wände sind mit Seidentapeten bespannt, in die weiße Lilien eingewebt sind. Wie selbstverständlich gehen Sie auf den Thronsessel zu und setzen sich. Ein Lakai kommt ehrerbietig auf Sie zu und bittet Sie an eins der großen Fenster. Sie folgen ihm, sehen hinaus und staunen. Sie befinden sich auf einem sehr hohen Berg, vor Ihnen eine Geröllwüste aus lehmfarbenen Felsen. Sie blicken weit ins Land hinab und hinüber aufs Meer. Doch Ihren Blick fesselt etwas anderes. Unweit Ihres Fensters ragt ein Gipfel aus den Wolken, auf ihm steht ein mächtiger Riese, der unverkennbar den Himmel schultert. Sie sehen, wie der Horizont auf seine Schultermuskeln und seinen Nacken drückt. Doch der Riese stemmt diese himmlische Last unerschütterlich, ohne zu zittern und zu schwanken. Stoisch steht er da, wie ein Ochse unter seinem Joch.

Halten Sie in Ihrer rechten Hand die Daumenkuppe gegen Zeige- und Mittelfingerspitze.

Es ist Atlas, der Titan, der den Himmel trägt. Sie sehen die Götter als Sterne durch das Firmament tanzen, verfolgen, wie es sich dreht und von Tag zur Nacht wechselt, und wundern sich über die Kraft des Titanen, der das Himmelsgewölbe in die Höhe hält, damit es die Erde nicht berührt, auf dass die beiden Sphären weiterhin getrennt bleiben.

Berühren Sie Gold und Silber, lenken Sie etwas von dieser überirdischen Aura auf sich.

Neben der Kraft des Titanen beeindruckt Sie die Schönheit der Verbindung, die er darstellt. Er offenbart eine urmächtige Kraft in einem ebenmäßigen Körper, er ist ganz ein Gott. Durch ihn fließen die Energien, die Himmel und Erde verbinden, und sie schenken seinem Leib eine silberblaue Ausstrahlung. Er wirkt wie ein fleischgewordener Blitz, der vom Gipfel in den Himmel flammt. Irritiert darüber, wie Sie zu dieser besonderen Aussicht kommen und was sie wohl bedeuten mag, wenden Sie sich an den Lakaien im Hintergrund, schließlich sind Sie kein Herakles, der für Atlas mal eben den Himmel schultert. Der Lakai hebt die Weltkugel aus dem Globus, der rechts vom Thron steht, und kommt auf Sie zu. Sie sollen diese Kugel schultern. Es scheint eine Initiation zu sein, die einer Krönung vorausgeht. Sie beugen sich, um die Weltkugel zu empfangen, und wundern sich zugleich über die Art des Globus. Denn er zeigt Ihnen Ihre Welt, Ihr Haus, Ihre Straße, Ihren Arbeitsplatz, Ihre Familie und Ihre Freunde, Ihre Urlaubsziele und Ihre Wünsche und Träume. Schon lastet die Kugel auf Ihren Schultern, und Sie gehen in die Knie, so unerwartet schwer ist ihr Gewicht. Sie stemmen sich dagegen und drücken sie hoch. Breitbeinig stehen Sie da,

Ihre Muskeln sind angespannt, und Sie meinen, die Last nicht lange schultern zu können. Doch mit jedem Augenblick, den Sie das Gewicht Ihrer Welt tragen, wächst Ihnen ein Stückchen Kraft hinzu. Bald kommt Ihnen die Last nicht mehr ganz so riesig vor, und Sie beginnen zu verstehen, wie der Titan vor dem Fenster seine Bürde schultert. Mit wachsendem Stehvermögen erleben Sie, wie die silberblaue Ausstrahlung auch Ihren Körper veredelt. Dann, nachdem Sie ganz vom glänzenden Schimmer ummantelt sind, führt Sie der Lakai mit Ihrer Weltkugel zu einem weißen Pfahl, der vor dem Thron steht. Auf ihm dürfen Sie die Kugel absetzen. Sie beginnt, sich dort zu drehen, und Sie empfinden, was Ihre Welt zusammenhält. Es ist, als blickten Sie in eine Traumkugel in einem Garten, in der sich Ihre Umgebung spiegelt und die somit gleichermaßen Ihre Welt in sich birgt.

Nehmen Sie den **weißen Pfahl** als Anker, fixieren Sie den Moment zunehmender Stärke. Er erinnert Sie daran, was Sie zu tragen imstande sind. Er wird Ihnen Trost, Zuversicht und Standvermögen schenken. Er lässt Sie auch Ihre inneren Stärken und die Bande erkennen, auf die Sie sich verlassen können. Von hier aus können Sie über diese Zusammenhänge weiter meditieren.

An der unbewussten Muskelanspannung lesen Sie ab, wie schwer Sie an Ihrer Welt tragen.

Von der Last befreit, wollen Sie sich ausruhen, doch Ihr Lakai lässt Sie sich nicht setzen. Stattdessen komplimentiert er Sie aus dem Thronsaal und geleitet Sie vor den Palast. Dort zeigt er auf große Fußspuren, die vom Gipfel wegführen. Sie glauben, es sind Atlas'

Spuren, und fürchten, er habe den Himmel losgelassen. Doch Atlas steht weiter unbewegt auf dem Gipfel. Es sind Herakles' Spuren, verrät Ihnen Ihr Lakai und fordert Sie auf, ihm zu folgen. Also treten Sie nun in Herakles' Spuren und eilen in ihnen mit Riesenschritten den Berg hinab und aus dem Gebirge hinaus. Es war Herakles' Weg zu seiner letzten von zwölf Aufgaben, der Bezwingung des Höllenhundes Zerberus. Es war ein Weg der Entschlossenheit, der ihn entlang der Küste bis zum Tor der Unterwelt führte. Gehen Sie diesen Weg, wie ihn Herakles ging. Er ist Ihr Vorbild, und seine Heldentaten sind Ihr Ansporn. Sie müssen dazu aber keine neunköpfige Hydra besiegen oder einen Augiasstall säubern, es genügt, wenn Ihnen eine Aufgabe einfällt, die Sie noch nicht oder nicht zu Ihrer Zufriedenheit erledigt haben. Erledigen Sie sie nun richtig in Gedanken. Wählen Sie jedoch keine berufliche Aufgabe, sondern eine, die Ihnen moralisch hoch anzurechnen ist. Springen Sie zum Beispiel über Ihren Schatten, und entschuldigen Sie sich bei jemandem, den Sie verletzt haben. Entschuldigen Sie sich klar und ohne beschönigende Ausrede. Oder helfen Sie jemandem, dem Sie Ihre Hilfe bislang verweigert haben. Greifen Sie ihm ebenso klar ohne Wenn und Aber unter die Arme. Spielen Sie diese Aufgabe in Gedanken durch, wahrscheinlich werden Sie sie nach dieser Meditation auch in der angedachten Weise erledigen.

Heben Sie Ihre Arme langsam über Ihren Kopf, und erbitten Sie die Kraft des Himmels.

Belohnen Sie sich mit einem **Stückchen weißer Schokolade**, sie besitzt etwas vom köstlichen Duft der weißen Lilie. Sie ist zugleich ein Anker, der Sie in dieses Bild zurückholt. Das Gleiche gilt für einen **Blick in den Spiegel**. Mit seiner Hilfe können Sie Weggabelungen aufnehmen und sich weiteren Aufgaben stellen, beziehungsweise den Erfolg einer Aufgabe tiefer meditieren.

Verlieren Sie jedoch über all diesen Gedanken die Landschaft nicht aus dem Blick. Sie ist so schön, dass Sie Ihre Reise am liebsten unterbrechen wollen. Tun Sie es. Setzen Sie sich in die Wiese am nahen Sandstrand. Das warme Meer rollt im zeitlosen Rhythmus gegen das Ufer. In Ihrem Rücken steht ein kühler Eichenwald, und vom nahen Gebirge weht ein milder Wind. Delfine tummeln sich nicht allzu weit vom Strand entfernt, Vögel singen in den Bäumen und Büschen, Schmetterlinge tanzen, und Bienen summen von Blüte zu Blüte. Auf einer Landzunge sehen Sie einen blühenden Mandelbaum. Der Wind trägt seinen Blütenduft zu Ihnen und lockt Sie herbei. Nachdem Sie sich dem Baum bis auf wenige Schritte genähert haben, hören Sie ihn summen. Es klingt, als hätte er ein Mantra angestimmt. Sie blicken in seine blassrosa Blütenkrone und erkennen, wie ihn Abertausende Bienen umschwirren. Sie singen sein Lied. Setzen Sie sich unter den Baum, atmen Sie den süßen Duft der Mandelblüte, und lassen Sie sich von dem zarten Lied verzaubern.

Am Strand sehen Sie Herakles, wie er eine mächtige Felskugel vom Tor zur Unterwelt wegrollt. Er hat noch einen weiten Weg vor sich. Er sieht prächtig aus, wie er sich an dem Fels abmüht. Sie bewundern seine Kraft und Entschlossenheit ebenso wie seine Beherztheit, mit der er sein Schicksal annimmt und ihm zugleich trotzt.

Sprechen Sie für sich einen Segenswunsch mehrmals leicht aus, wird er zum heilsamen Mantra.

Er ist kein Spielball der Götter, sondern ein Held, der sein Geschick bedacht zu formen versteht. Sie sehen ihm zu und wissen, dass Sie ihm nicht weiter folgen können. Er besitzt Talente, die Sie nicht besitzen. Doch über seine Leistung lernten Sie Ihre Stärke zu würdigen. Sie wurden damit belohnt, indem Sie seinen Fußstapfen folgen durften. Wählen Sie die **Felskugel** als Anker, eröffnen sich Ihnen zwei Wege. Der eine belässt Sie sitzend unter dem Baum. Hier könnten Sie die Abgeklärtheit finden, auf mögliche Erfolge zu verzichten. Auf dem anderen Weg könnten Sie die Aufgaben bejahen, an denen Sie scheitern werden. Beide Wege verleihen Ihnen Autonomie.

Loben Sie sich für besonders intensive Bilder, wird dies Ihre Sicht verschärfen.

Sie haben Ihre Reise mit dem singenden Baum gekrönt, unter dem Sie sitzen. Stehen Sie jetzt auf, und gehen Sie zur Felskugel, die Herakles zur Seite rollte. Nehmen Sie Hammer und Meißel, und suchen Sie in der Felskugel die Fuge, die sich durch den ganzen Stein hinzieht. Setzen Sie den Meißel an, und schlagen Sie mit dem Fäustel einmal kräftig zu. Sie hören ein rauhes Flüstern aus dem Inneren des Steines. Die Fuge öffnet sich zu einem Riss, und schon bricht die mächtige Felskugel in zwei Halbkugeln entzwei. Zwei dumpfe Schläge vom Aufprall, dann ist es still um Sie. Legen Sie je ein Goldstück auf die beiden Halbkugeln, und beschließen Sie Ihre Reise mit der Betrachtung, wie sich die Sonne in dem Gold auf dem frisch geschlagenen Fels spiegelt. Vielleicht können Sie in der Maserung des frisch geschlagenen Felsens Strukturen der von Ihnen zuvor gestemmten Welt wiedererkennen.

Mein bester Freund sein

Wir sollten unseren Nächsten nicht mehr lieben als uns selbst. Mal lieben wir uns nur allein und isolieren uns dadurch. Mal lieben wir andere mehr und vernachlässigen somit uns selbst. Das eine ist keine edle Selbstliebe und das andere keine Menschenliebe. Das Gefühl, gut zu sich zu sein, bedeutet, sich mit Körper, Geist und Seele zu bejahen und auf diese Dreiheit zu achten.

Vorbereitung

Für die Sinne: eine Kerze in der Lieblingsfarbe, ein polierter Apfel, Kupfermünzen in einer Wasserschale, Mastix-Räucherwerk, ein Bild von sich selbst
Für den Körper: Nehmen Sie ein Entspannungsbad, salben Sie sich danach, und kleiden Sie sich schön.
Imagination: eine Fata Morgana Wirklichkeit werden lassen
Reisedauer: ca. 20 Minuten

Anker zur Auswahl

Symbolische Anker: Dattelpalme, Brunnen, aufgebrochenes Schloss, Rüstung, Ring
Sinnliche Anker: Rotwein im Glas, Pfauenfeder, Zedernholz, einige Pralinen

Meditationsablauf

Manche meinen, man müsse erst die Not kennenlernen, um die Fülle zu schätzen. Sie hingegen beginnen mit der Fülle. Stecken Sie sich Ihre Kerze in Ihrer Lieblingsfarbe an, beißen Sie in den polierten Apfel, und werfen Sie ein paar Kupfermünzen in die Schale mit dem Wasser als Zeichen dafür, dass Sie an diesen Ort des Wohlbehagens gerne wieder zurückkommen. Schenken Sie Ihrem Bild noch einen Kuss, und machen Sie sich dann auf, Ihr Arkadien zu suchen, indem Sie in die Wüste gehen.

Umschließen Sie mit Ihrer Rechten Ihren linken Zeigefinger, und massieren Sie ihn sanft.

Es ist heiß, die Sonne scheint unbarmherzig, der Sand glüht, und es ist kein Weg, kein Zeichen, keine Menschenseele zu sehen. Nur ein paar Sandfische, die winzigen Wüstenechsen, tauchen hin und wieder an die Oberfläche, um gleich darauf wieder in kühlere Tiefen des Bodens zu verschwinden. Sie sind verschwitzt, Sand klebt auf Ihrer Haut. Sie haben Durst und sehnen sich nach einem schattigen Platz. Doch es gibt keine Anzeichen für Linderung. Sie können nur darauf achten, direkte Sonne auf der Haut zu meiden und möglichst kräfteschonend voranzukommen. Schritt für Schritt erklimmen Sie eine Düne, in der Hoffnung, auf der anderen Seite in einer Senke ein wenig Schatten zu finden. In sanfter Schlangenlinie steigen Sie dem Kamm entgegen. Oben angekommen, weht Ihnen heißer Wüstenwind ins Gesicht. Quälender Durst verengt Ihre Sinne. Sie wollen nur noch Schatten und eine Pfütze Wasser. Erschöpft sinken Sie hinter dem Dünenkamm in den Sand, graben

Ihre Hände in den Boden, um ein wenig Kühle zu finden. Langsam kommen Sie wieder zu Kräften. Da sehen Sie am Fuß der Düne, wo zuvor nur roter Sand war, einen grünen Busch und daneben zwei Dattelpalmen. Sie wischen sich über die Augen, und das Gesehene verschwindet, um gleich darauf wieder zu erscheinen. Eine Fata Morgana. Mag es auch eine Illusion sein, so werden Sie sich doch unter eingebildeten Palmen erfrischen. Sie stolpern die Düne hinunter. Immer fest die beiden Palmen im Blick. Solange Sie das Scheinbare nicht aus den Augen lassen, kann es sich nicht auflösen. Kaum in der Ebene angekommen, wanken Sie auf die Palmen zu und halten sich an ihnen fest. In der Tat sind sie auf einmal greifbare Wirklichkeit. Sie stehen am Eingang einer Oase. Ein paar reife Datteln fallen herab. Sie sammeln sie auf und schmecken ihre unglaubliche Süße und Frische.

Die **Dattelpalmen** sind ein erster Anker. Er soll Sie daran erinnern, dass scheinbar Unmögliches Wirklichkeit werden kann, solange Sie selbst es nur wollen. Es ist ein Sprung über Grenzen, indem Fiktionen zu Tatsachen werden, weil wir sie als Realität anerkennen. Wenn Sie diesen Zauber dosiert und mit positivem Ansatz verwenden, werden Sie sich nur selten täuschen.

Achten Sie auf eine aufrechte Haltung, damit kann Ihre Energie nicht blockiert werden.

Wie von Zauberhand kehrt die Energie in Ihren Körper zurück, und mit zunehmender Kraft entschleiert sich auch die Oase vor Ihnen. Sie ist von einem breiten Ring von Dattelpalmen umschlossen. Ein paar Ziegen weiden auf dem mit Gras bedecktem Boden. Ein festgetretener Sandweg führt an weißgekalkten Häusern und Hofmauern vorbei auf einen Brunnen zu. Sie lösen sich aus dem Schatten der beiden Palmen, um in die Oase hineinzugehen. Da verwehren Ihnen Wachen den Weg. Verdutzt bleiben Sie stehen und warten auf eine Erklärung, doch die Wachen weisen Sie nur schweigend ab. Sie geben Ihnen zu verstehen, die Oase zu verlassen. Langsam drehen Sie sich um und gehen ein paar Schritte zurück. Sie zögern, bleiben stehen und kehren Ihren Blick wieder zur Oase und zum Brunnen. Dort können Sie Ihren Durst stillen und im Schatten ausruhen. Die Wachen sind verschwunden, und der Weg scheint frei zu sein. Also gehen Sie wieder an den beiden Palmen des Eingangs vorbei. Erneut verstellen Ihnen die Wachen den Weg und drängen Sie aus der Oase hinaus. Wieder kehren Sie zurück, und wieder werden Sie zurückgedrängt. Sie wollen schon aufgeben und sich mit den wenigen Datteln begnügen, die am Eingang der Oase im sandigen Gras liegen. Doch schließlich besinnen Sie sich und sagen sich: »Und wenn ich tausendmal abgewiesen werde, ich werde aus dem Brunnen trinken.«

Die Kunst der Meditation ist, sich lenken zu lassen, ohne die Zügel aus der Hand zu geben.

Entschlossen schreiten Sie an den beiden Palmen vorbei und diesmal stellt sich niemand in Ihren Weg. Langsam gehen Sie auf den Brunnen zu. Er steht am Rande eines von Seerosen bedeckten Weihers. Zwei Kamele knien an seinem Ufer und trinken. Sie riechen das frische Wasser, Sie müssen schlucken, doch Ihre Zunge klebt nur trocken am Gaumen. Ein paar Schritte noch, und Sie dürfen sich erfrischen. Sie erreichen den Brunnen und sehen, er ist ver-

96

schlossen. Ein alter rostiger Eisenriegel hält die Abdeckung fest und ist zusätzlich mit einem großen Schloss versperrt.

Der **Brunnen** ist das Zentrum der Oase und somit ein zentraler Anker, um verschiedene Varianten der Meditation einzuüben. Denn einmal kann der Brunnen offen sein, einmal wird man Ihnen das Wasser reichen, einmal kann er versiegt sein. Wichtig für die Fortsetzung bleibt das Grundmotiv, nämlich stets jenen Ausweg zu finden, bei dem Sie am sorgsamsten mit sich umgehen. Denn Sie sollen jetzt der Freund sein, dem Sie sich am meisten verpflichtet fühlen. Gehen Sie darum liebevoll mit sich um.

Trinken Sie frisches Wasser, um die sinnliche Imagination der Erfrischung zu verstärken.

Sie könnten sich zu den Kamelen an den Ufersaum knien und aus dem Weiher trinken, doch das frische Wasser im Brunnen lockt Sie weit mehr. Sie hören es unter der Abdeckung plätschern und riechen seine gesunde Frische. Sollte die gesamte Oase wirklich magischer Schein sein, wird sich auch das Schloss durch Magie öffnen lassen. Fixieren Sie es entweder so lange, bis es aufspringt, oder besser noch, nehmen Sie Ihren Zeigefinger und schließen es mit ihm auf. Am besten aber, Sie halten sich mit dem Schloss gar nicht lange auf, sondern greifen es und reißen es einfach ab. Es löst sich vom Riegel, als wäre sein eiserner Schließbügel aus Butter. Schon werfen Sie die Abdeckung zurück und lassen den Eimer hinunter, um endlich frisches Wasser hochzuziehen. Sie trinken von ihm und werden noch ein Stückchen mehr verzaubert. Es ist ein so köstlich kühles Nass, eine so besondere Erfrischung, wie Sie

sie noch nie geschmeckt haben. Der beste Wein, an den Sie sich erinnern, kommt Ihnen dagegen wie schale Lake vor.

Das **aufgebrochene Schloss** ist ein Symbol der Aufmüpfigkeit gegen das Geschick. Kommen Sie zu diesem Anker zurück, wenn Sie aus Mutlosigkeit gegen sich handeln. Hier können Sie Widerstandskraft wie frisches Wasser schöpfen.

Achten Sie auf Pausen, damit Ihre Gefühle die Wendungen intensiv nachvollziehen können.

Erfrischt richten Sie sich auf und blicken sich um. Der Brunnen markiert den Mittelpunkt und Marktplatz der Oase. Die Häuser um ihn herum sind vor der Sonnenglut verschlossen. Da öffnet sich die Türe eines Hauses, und eine weißverschleierte Frau winkt Sie herbei. Sie treten auf sie zu, sie huscht zurück ins Haus und lässt die Türe offen stehen. Zögernd treten Sie ein, die kühle Luft, die Sie erfasst, wirkt wie eine Wohltat. Sie stehen im Wohnraum, er ist leer. Sie rufen nach der weißen Frau, doch niemand antwortet. Zwei Kammern gehen vom Wohnraum ab, eine Küche und ein Schlafraum, beide sind leer. Sie gehen in den Wohnraum zurück und erleben ein neues Wunder. Auf dem Boden ist ein festliches Mahl mit den schönsten Gerichten und Leckerbissen angerichtet. Sie wollen sich dazusetzen und von den Köstlichkeiten kosten, da erblicken Sie sich in einem Spiegel in der Nähe des Eingangs. Sie sehen, wie Ihr Gesicht und Ihre Kleidung von Staub und Schmutz bedeckt sind. Sie gehen durch die Küche in den Hinterhof des Hauses, dort ist ein kleines Waschhaus mit einer Wanne. Diese ist mit lauwarmem Wasser gefüllt. Sie entkleiden sich und steigen in die

Wanne. Nachdem Sie sich gewaschen haben, liegen frische Kleider für Sie bereit. An diese Art von Zauberei schon gewöhnt, ziehen Sie sich an und gehen zurück in den Wohnraum, um sich an die Tafel zu setzen.

Doch in dem Moment, in dem Sie sich niederlassen wollen, verschwindet die Tafel, und der Raum ist leer. Verblüfft richten Sie sich auf und sehen schemenhaft die Tafel mit all den Gerichten vor sich am Boden. Das Bild wechselt, als wüsste es nicht, sich zu entscheiden, ob es Wirklichkeit werden oder für immer entschwinden wollte. Sie selbst sind im ersten Augenblick ebenso unentschlossen, doch dann entscheiden Sie sich für das Mahl, für Ihr Wohl und befehlen dem Bild mit gebieterischer Strenge, sich wieder zu verfestigen. Sie halten die Pose, damit das Bild bestehen bleibt, und spüren mit einem Mal das kühle Metall eines Brustpanzers. Er verleiht Ihnen etwas Aristokratisches, aber zugleich auch etwas Starres. Sie merken, dass Sie allein durch Ihre Willenskraft das Bild nicht halten können. Die Tafel, das Haus, ja die ganze Oase und mit ihr die Fata Morgana scheinen sich auflösen zu wollen. Blitzschnell überdenken Sie noch einmal Ihren Aufenthalt in der Oase, fiebernd suchen Sie nach einem Schlüssel, dann haben Sie eine Idee. Sie gehen an die Tür des Hauses und winken einen neuen Besucher ins Haus herein und noch einen und noch viele mehr. Das Haus füllt sich, und Sie setzen sich mit all Ihren Gästen an die Tafel, an der Sie selbst auch Gast sind. Mitten im Mahl hören Sie es leise regnen; und Sie denken an den Beduinenspruch: Regnet es auf eine Fata Morgana, rückt sie in die Wirklichkeit.

Achten Sie auf Düfte während Ihrer Meditation. Sie sind oft bedeutsame Imaginationen.

99

Sensibilität – Fühlen, Denken, Weitblick

Eine Reise nach innen führt uns nicht aus der Welt. Sie erlaubt uns, die Welt in uns zu entdecken und vom Ungleichen zwischen Innen- und Außenwelt zu lernen. Lernen werden wir von ihm, solange wir das eine nicht über das andere heben, sondern die Spannung der verschiedenen Sphären in uns zulassen. Diese Spannung löst sich in Kreativität – einem beinahe göttlichen Impuls.

Liebevoll mit sich und dem Nächsten umgehen

Unser inneres Empfinden ist unsere innere Wahrheit von der Welt. Es ist der Ursprung unserer Intuition. Pflegen wir unsere emotionale Welt, pflegen wir unseren sechsten Sinn. Wichtig ist, dass wir mit Vertrauten über unsere Gefühle sprechen und unsere Empfindsamkeit mit ihnen teilen. Hierdurch beleben und verfeinern wir unsere Sensibilität. Hektik und Beschaulichkeit sind die Spannungspole der ersten Meditation »Innere Zufriedenheit finden«. Sie führt Sie ins Zentrum einer besonderen Kraft. Ihre ungewöhnliche Mächtigkeit beruht auf ihrer nicht fassbaren Präsenz. Diese Kraft führt Sie in Ihre Mitte und stiftet innere Zufriedenheit. Trauer und Freude sind die beiden Gefühlsebenen, die die zweite Meditationsreise »Abschiednehmen« umrahmen. Beide Gefühle kommen hierbei nur verhalten zum Ausdruck. Es werden leisere Momente angesprochen, um Ihre Einfühlsamkeit zu schärfen.

EIGENSCHAFTEN VON SENSIBILITÄT

	Langsamkeit	Nachdenk-lichkeit	Trauer	Schmerz	Sorgen
Farbe	Dunkelbraun	Capriblau	Schwarz	Krapprot	Grau
Duft	Schwarztee	Weihrauch	Myrrhe	Salmiak	Tabak
Tier	Schnecke	Eule	Rabe	Pelikan	Seekuh
Bild	Mühlrad	Studierender	Beerdigung	Gebärende	Kranken-schwester
Sache	Bernstein	gemasertes Holz	Trauerflor	Nadel	blauer Brief

	Schnelligkeit	Spontaneität	Lebensfreude	Wohlsein	Arglosigkeit
Farbe	Silber	Blassgelb	Gold	Grasgrün	Isabellfarben (Graugelb)
Duft	Schwefel	Gummi	Rose	Apfel	Zimt
Tier	Gepard	Kobra	Schmetterling	Katze	Reh
Bild	Sprinter	Blitz	Hochzeit	sich räkelnde Frau	staunendes Kind
Sache	Feuerwerk	Sprungfeder	Knospen	Wasserglas	Perle

Innere Zufriedenheit finden

Hörbare Stille kann sehr laut erscheinen. Je stürmischer es in unserem Gemüt ist, umso beunruhigender empfinden wir äußere Stille. Innere Ruhe lässt uns hingegen selbst in turbulenter Umgebung entspannen. Vermeiden wir Ablenkungen und entlassen unsere Gedanken, finden wir zu uns selbst. Das ist das Ziel klassischer Meditation. In sich versammelt zu bleiben ist die wahre Tugend der Weisen.

Vorbereitung

Für die Sinne: ein dunkles, poliertes Holzstück, ein silberner Teller, eine Schnecke aus hellem Seil, eine schwarze Kerze, Jasminduft
Für den Körper: 5 Minuten stramme Gymnastik und danach die Entspannung genießen.
Imagination: in das Auge eines Taifuns eindringen
Reisedauer: ca. 10 Minuten

Anker zur Auswahl

Symbolische Anker: ein entwurzelter Baum, ein Flugdrachen, ein Mühlrad, eine Kristallkugel, ein Ringelspiel
Sinnliche Anker: ein Stück Bernstein mit Einschluss, ein klimperndes Windspiel, eine stehen gebliebene Uhr, Ohrwatte

Meditationsablauf

Ein Taifun ist eine unheimliche Naturerscheinung. Sie fasziniert uns in dem Maße, in dem sie uns zutiefst erschreckt. Es ist eine unfassbare Macht, die sich da in einem riesigen Wirbel verdichtet. Blicken Sie auf das polierte Holz. Mit seinem dunklen Glanz besitzt es etwas von der Schönheit des Sturms, wenn wir seine drohende Wand aus der Ferne sehen. Ja, auch der Schrecken der Natur ist schön, so wie das spärliche Licht der schwarzen Kerze, das eine subtile Stimmung tröstlicher Einsamkeit vermittelt. Suchen Sie ihren Reflex in dem silbernen Tablett, das milde Scheinen symbolisiert die Verlangsamung der Zeit im Auge des Taifuns. Es ist ein Versprechen, das Sie jetzt einfordern wollen.

Heben Sie als Stimulans Ihre beiden aneinandergelegten Hände hoch über Ihren Kopf.

Schließen Sie Ihre Augen, und stellen Sie sich einen Wirbelsturm vor. Sie sehen seine mächtige Wolkenwand vor einem strahlend blauen Himmel. Sie füllt den ganzen Horizont und schiebt sich langsam näher. Vor der blauschwarzen Wand ziehen hellere Wolkenbänder rasch vorüber, dahinter windet sich die Kernsäule des Zyklons hoch in den Himmel hinein. Hinauf in Höhen, in denen Sie noch nie Wolken gesehen haben. Pfeifend fegt ein Wind vor dem Taifun her. Er zerrt an Ihnen, verwirbelt Staub und Blätter, aber er ist nur eine kleine Kraft, verglichen mit der Macht des anrückenden Orkans. Schließlich noch eine besonders heftige Böe, danach Windstille. Unheimlich lastet die düstere Stille. Der Wolkenberg des Taifuns wirft seinen bleiernen Schatten über das Land. Sie ducken sich in den Sand, suchen Schutz hinter einem Erdwall. Ein heulender Windstoß kündet das Unheil an, und schon bricht mit ohrenbetäubendem Donner das Unwetter los. Regen prasselt herab, kurz darauf sprudeln Sturzbäche aus allen Ecken. Der Wind fegt über Sie hinweg. Er entwurzelt Bäume, hebt sie mit dem nächsten Blasen wieder hoch und treibt sie berstend und splitternd vor sich her. Sie schmiegen sich noch enger an den Erdwall. Das nasse Gras und die Erde riechen vertraut. Inmitten des wachsenden Infernos steigen mit dem Duft der Erde heimelige Erinnerungen an Ihre Kindheit auf. An die Zeit, als Sie am Waldrand spielten und die feuchte Erde ebenso vertraut roch. Mit einem Male weicht alle Furcht von Ihnen. Sie fühlen sich sicher und angenommen, denn Sie wissen eine große schützende Hand über sich.

Atmen Sie hörbar aus. »Machen Sie Wind«, um die Kraft des Taifuns in sich zu beleben.

Wollen Sie jetzt einen Anker setzen, so vertrauen Sie in diese empfundene Kraft, und lassen Sie einen **Drachen** steigen. Er wird wie ein Anker in stürmischer See wirken und Ruhe inmitten des Tosens einkehren lassen. Er steht im Wind, ohne zu rucken und zu zerren. Von hier aus können Sie in den Taifun aufsteigen, sich mit ihm drehen, seine wütende Kraft empfinden und trotzdem Ihre innere Ruhe bewahren. Mit dieser Gefühlslage können Sie Ihre Welt grundlegend umgestalten.

Der Sturm nimmt an Stärke zu. Der Regen scheint nun himmelwärts zu fallen, so stark peitscht der Wind die schäumenden Fluten. Der Regen ist so dicht, als würden die Wolken über die Erde schleifen. Mitgerissene Äste und Trümmerteile von Häusern jagen über Ihnen durch die Luft. Blitze wie Feuersäulen durchschneiden die Wolken, ihr Donner wird vom Sturm übertönt. Der Wind brüllt wie ein Löwe. Es ist, als hielten Sie Ihren Kopf in seinen Rachen. Und obwohl das Brüllen nicht nachlässt, empfinden Sie es zunehmend leiser. Jetzt können Sie sich ganz gelöst der Urgewalt hingeben. Sie drehen sich zu der nachtschwarzen Wolke hin und lassen sich vom Sturzregen reinigen. Zugleich erkennen Sie im brüllenden Tosen die Melodie des Sturms und summen sie mit. Sie werden eins mit der Gewalt des Taifuns und damit eins mit seiner Energie. Sie spüren, dass seine zerstörerische Gewalt eine urmächtige, schöpferische Energie ist. Sie ist voll Zorn, aber auch voll Mitleid und Liebe.

In diesem Augenblick, in dem Sie die beiden Seiten seiner Kraft erfassen, öffnen sich die Wolken, und Sie blicken in einen strahlend blauen Himmel. Das Wüten und Tosen des Sturms lässt abrupt nach. Der Regen setzt aus, und es herrscht vollkommene Windstille. Kein Blatt und kein Grashalm regen sich mehr. Von den Bäumen tropft es leise. Das ist das einzige noch vernehmbare Geräusch. Sie sind im Auge des Taifuns. Kurz darauf beginnen Vögel zu singen. Sie blicken um sich und finden sich in einem riesigen Turm aus sich rasch drehenden hellen Wolken. Es erscheint Ihnen, als lägen Sie am Grund eines Kraters in einem Wolkengebirge. Es ist nur ein kurzes Aufatmen, bevor Sie die Wolkenwand des Turmes einholt und Sie erneut den wütenden Elementen ausgesetzt werden.

Lassen Sie die Bilder langsam entstehen, das verstärkt den Eindruck von der Sturmgewalt.

Dessen ungeachtet, ist es auch ein Schöpfungsakt: Denn wie die Vögel zwitschern, so richten sich auch wieder die Bäume, Sträucher und Blumen auf und atmen befreit unter dem klaren Himmel. Das Leben beginnt von neuem, ohne sich darum zu sorgen, dass es sich wenige Augenblicke später wieder unter dem Zyklon ducken muss. Fügen Sie sich ebenfalls in diese Unbesorgtheit. Stehen Sie auf, und erfreuen Sie sich daran, auf dieser Insel des Friedens in einem tosenden Wolkenmeer zu sein. Stellen Sie sich als Achse des Wirbels vor. Werden Sie zum Mittelpunkt des riesigen Kreisels. Bleiben Sie still und unbeweglich, während sich die Welt um Sie dreht. Sie werden zum Zentrum der Kraft.

Räkeln Sie sich, als erwachten Sie an einem schönen Morgen, laden Sie die Kraft des Anfangs ein.

Denken Sie jetzt an den Anker des **Mühlrades**. Er rückt Sie in einen Moment tiefer Wahrheit. Denn wenn wir inmitten des Lebens still stehen können, um mit dem wahren Leben zu kreisen, rücken wir in eine spirituelle Dimension. Hier verliert sich die Zeit, hier herrscht Ewigkeit. Mit diesem Anker finden Sie sowohl zu innerer Ruhe als auch zu einer offenen Intuition. Von hier aus können Sie festgefahrene Probleme aus überraschenden Blickwinkeln betrachten und einzigartige Lösungen finden. Deshalb kann dieser Anker auch zu spontanen Abwegen von dieser Reise verleiten.

Heben Sie nun Ihre Hände über den Kopf, und stellen Sie sich vor, Sie sind die Nabe eines Mühlrades, das mit dem klaren Wasser eine ewige Wahrheit aufnimmt und damit die Mühlsteine bewegt.

Es ist ein Akt gründlicher Verwandlung und unabänderlichen Gleichmaßes. Verharren Sie in dieser Ruhe, die das Auge des Taifuns so lebendig darstellt, lassen Sie sich von ihr ergreifen und in Ihrem Herzen berühren. Geht diese Kraft auf Sie über, wird Sie sie verwandeln. Es ist keine selbst gelenkte Wandlung, sondern die Einwirkung dieser reinen Energie auf Ihr Dasein. Es ist ein Prozess des Herzens und nicht des Verstandes. Einfühlen und Mitempfinden sind die Schlüssel dazu. Lösen und Loslassen sind die Spuren auf dem Weg dorthin.

Sie blicken auf die näherrückende Wolkenwand des Taifunauges, der Wolkenturm schraubt sich heran und wird Sie bald erreichen. Der Kreis der Stille und des wiederaufkeimenden Lebens wird über Sie hinwegwehen und das Wunder der Stille inmitten des Chaos fortsetzen, solange sich der Zyklon in sich dreht. Sie hören wie aus einer anderen Welt das Tosen des Windes hinter der heranrasenden Wolkenwand und spüren auf einmal, wie Sie ganz in der Stille des Auges des Taifuns aufgehen und dadurch den rasenden Naturgewalten ausweichen könnten. Doch im gleichen Augenblick, da Sie dies spüren, wissen Sie, dass Sie der Stille nicht mehr folgen müssen, denn nun kann sie tatsächlich in Ihr Herz einkehren. Also ducken Sie sich hinter dem Erdwall, schmiegen sich wieder ins Gras und atmen den Duft der feuchten Erde. Der Himmel verdunkelt sich erneut, und mit ohrenbetäubendem Gebrüll donnert und rast der Taifun über Sie hinweg. Wieder peitscht der Regen Sie gewaltig von allen Seiten. Doch nun kann Sie kein Weltuntergang

Sind Sie entspannt, wenn Sie den Sturm imaginieren, fließt seine Kraft auf Sie über.

mehr schrecken, denn nun sind Sie selbst ein Pol steter Ruhe und wiederkehrender Schöpfung.

Scheint gerade die Sonne, blinzeln Sie ihr kurz zu, um die Meditation schön abzuschließen.

Der Wind verliert sich allmählich, der Regen lässt nach und versiegt. Durch die schnellziehende Wolkenfahne scheint die Sonne. Das Unwetter ist vorbei. Sie sehen, wie vor Ihnen von einem Grashalm ein Tropfen rinnt. Er hält sich am Rand des Halms und glitzert im Sonnenlicht. Für einen kurzen Augenblick ist er wie ein kleiner Kristall, in dem sich Vergangenheit, Gegenwart und Zukunft vereinen. Sie blicken dem davonziehenden Wirbelsturm hinterher. Er dreht sich am fernen Horizont wie ein bleiernes Ringelspiel. Es macht Ihnen Lust aufzuspringen, doch Sie bleiben, wo Sie sind, Sie haben die zeitlose Drehung angenommen.

Anmerkungen

Wie bereits angedeutet, können Sie diese Meditationsreise auch dazu nutzen, festgefahrene Probleme wieder in Bewegung und somit einer Lösung näherzubringen. Hilfreich ist es hierbei gelegentlich, das Problem selbst zu einem Wirbelsturm zu imaginieren und dabei die Möglichkeiten auszuloten, wo sich Inseln der Ruhe auftun könnten. Sie erlauben die Begegnung in einer konzentrierten, friedvollen und lösungsorientierten Atmosphäre.

Abschiednehmen

Je nachdem, was wir verlassen, ist ein Abschied mal befreiend, mal tränenreich. Manchmal wirken auch Trauer und Freude zusammen. Regen sich diese beiden konträren Gefühle gleichzeitig in unserer Brust, empfinden wir den Abschied besonders intensiv. Wir sehen in ihm deutlich ein Enden und einen Neubeginn. Diese Sicht wird oft zum Anstoß zu einer besonderen Einsicht.

Vorbereitung

Für die Sinne: ein Rosmarinzweig, eine Pfefferoni, ein Schlüsselbund, eine Münze in einer Muschel, ein Messer, Wacholderduft
Für den Körper: Legen Sie einen leichten Fastentag ein.
Imagination: drei Bilder: Aufbruch zu Neuem. Abbruch durch Not. Zum Abschied gedrängt.
Reisedauer: ca. 10 Minuten

Anker zur Auswahl

Symbolische Anker: ein Anker, ein geschlossenes Buch, ein brennendes Haus, ein zerbrochener Ring, ein Grabkreuz
Sinnliche Anker: der Geruch von Feuer, etwas trockenes Brot, vertrocknete Rosen, eine ins Schloss fallende Türe, bellende Hunde

Meditationsablauf

Betrachten Sie die sinnlichen Reize für diese Reise. Sie zeigen Assoziationen zu den Grundgefühlen Trauer und Lebensfreude, die den Abschied sowohl als Ende als auch als Anfang symbolisieren. Da ist der Rosmarinzweig als Immergrün, sein Harz soll erhaltend wirken. Der Schlüssel schließt ab und schließt auf. Die Münze in der Muschel gilt dem Fährmann, der Neugeborene und Verstorbene übersetzt. Die Pfefferfrucht belebt und reinigt. Das Messer trennt, und der Wacholder heilt. Gibt es eine Aufgabe, die Sie schon immer gerne übernehmen wollten? Oder einen Ort, an dem Sie gerne auf Dauer weilen wollen? Denken Sie das Wagnis, Ihre Zelte abzubrechen. Was müsste wirklich geschehen, damit Sie es täten? Um wie viel besser müsste Ihre Zukunft sein, damit Sie sich aufmachen würden? Oder andersherum gefragt, um wie viel schlechter müsste sich Ihr Dasein entwickeln, damit Sie woanders Ihr Glück versuchten? Nur denken Sie nicht zu lange nach, denn die Zeit drängt.

Berühren Sie als Stimulans mit den Fingerkuppen Ihrer linken Hand zart den Boden.

Denn jetzt ist es so weit. Sie haben sich entschieden, die Vision Wirklichkeit werden zu lassen. Sie werden abreisen. Sie werden Ihren Hausstand verkaufen. Ihren Koffer packen, sich in einen Flieger setzen und woanders neu beginnen. Sie werden Ihre Verwandten und Freunde zurücklassen. Machen Sie sich auf, sie alle noch einmal zu besuchen, sie ein letztes Mal zu sehen und in die Arme zu schließen. Erzählen Sie ihnen von Ihrer Zukunft. Lassen Sie sich guten Rat geben, nehmen Sie ihre guten Wünsche entgegen. Versprechen Sie sich, in Kontakt zu bleiben. Freuen Sie sich in ihrer Runde, und weinen Sie beim Abschied. Halten Sie Ihre Tränen nicht zurück. Umarmen Sie sich eng und lange. Und doch kommt der Moment, zu dem Sie sich lösen müssen, noch ein Kuss, ein letztes Streicheln, dann kehren Sie allen den Rücken. Der Abschied schmerzt, die Freude auf das Neue ist kein Trost, doch sie ist ganz eindeutig da. Langsam entfernen Sie sich. Sie winken, bis Sie einander nicht mehr sehen. Dann sind Sie mit sich allein. Sie betrachten die vertraute Umgebung. Es ist ein letzter Blick auf die Heimat. Diese Augenblicke werden Sie nicht mehr vergessen. Schließlich reißen Sie sich los, heben ein wenig das Kinn und schreiten zügig auf Ihr neues Ziel zu. Der Abschied ist Vergangenheit geworden.

Nach diesem Abschied können Sie einen echten **Anker** als Anker werfen. Denn Heimat ist ein emotionaler Bezugspunkt, der sich je nach Gefühlslage wandelt. Diese Wandlungen ermöglichen die Einkehr in die eigene Gefühlswelt. Erkunden Sie jene Anziehungspunkte, die für Sie heimatliche Qualitäten besitzen. Kennen Sie sie, kennen Sie auch die sicheren Wege in die Fremde.

Klopfen Sie an ein Glas, um eine meditative Abschiedsszene auch akustisch zu beenden.

Sie haben Ihr Ziel erreicht. Ein neues Kapitel im Buch Ihres Lebens wird aufgeschlagen. Freude darüber erfasst Sie. Geben Sie dieser Freude über das Junge in sich Raum. Folgen Sie Ihrer Neugier, und entdecken Sie Ihre Welt. Neben Neuem finden Sie auch Bekanntes, doch Sie sehen selbst dies mit neuen Augen. Jetzt verstehen Sie den Abschied zuvor als Befreiung. Was Sie zurückließen, schuf den Raum für das Neue. Doch auch dieses Neue wird zur Gewohnheit werden und seinen Raum fordern. Sie werden Ihr Haus bestellen und darüber Ihre Freiheit wieder aufgeben, indem Sie sich den alltäglichen Verpflichtungen fügen.

Imaginieren Sie den Geruch der vertrauten Umgebung: Sie vertiefen so Ihre Empfindungen.

Doch diesmal erweist sich ein nächtlicher Brand als gütiger Helfer. Ihr Haus brennt lichterloh, und alles, was Sie angesammelt haben, wird ein Raub der Flammen. Sie konnten gerade noch Leib und Leben retten. So stehen Sie im Garten vor Ihrem Haus und müssen zusehen, wie die Flammen aus den Fenstern schlagen und bis hinauf zum First lodern. Feuriger Schein erhellt die Nacht. Außer verkohlten Trümmern und Asche wird nichts mehr von Ihrer Habe übrig bleiben. Nur Ihre Erinnerung daran. Doch diese wird den Schmerz über den Verlust wachhalten. Weichen Sie ihm darum jetzt schon aus. Drehen Sie sich um, wenden Sie Ihren Blick von dieser Katastrophe ab. In Ihrem Rücken fackelt der Brand fort und beleuchtet die Bäume und Büsche im Umkreis. Dort zaubert er flüchtige Schatten in die Landschaft, die wie die Fratzen von Dämonen aussehen, die ihre Freude an Ihrem Unglück zu haben scheinen. Nehmen Sie sie ihnen nicht, zeigen Sie ihnen Ihren Schmerz, Ihren Zorn und Ihre Hilflosigkeit. Diese Gefühle sind das Glück der Dämonen. Sie zehren von Ihrem Leid. Je mehr Sie davon abgeben, desto mehr fressen sie. Sie werden davon satt und träge und können Ihnen nicht mehr nachstellen.

Drehen Sie sich wieder zum Brandherd zurück. Jetzt können Sie das Feuer emotionslos beobachten. Ihr Zorn und Leid liegen hinter Ihnen. Was vor Ihnen fackelt, ist ein faszinierendes Feuer. Das Gerippe des Dachstuhls glüht in den Nachthimmel. Ein kräftiger Flammenstoß züngelt hoch hinauf den Sternen entgegen, dann bricht das Haus unter Heulen und Ächzen in sich zusammen. Eine funkensprühende Glutwolke steigt auf und fällt in sich zusammen. Sie straffen sich und gehen gemächlich weg. Das Unglück liegt hinter Ihnen.

Das **brennende Haus** ist der Anker an dieser Stelle. Hier können Sie Abzweigungen beschreiten, auf denen Sie Neuanfänge schaffen und wieder auflösen. Es ist ein gedankliches Spiel mit dem Risiko. Prüfen Sie, was Sie sich zumuten wollen. Das brennende Haus kann ebenso zum gefühlsmäßigen Anker der Sammlung und Besinnung werden, wenn es darum geht, einen unerwarteten Verlust zu verkraften.

Der Eindruck dieses Abschieds nimmt zu, wenn Sie mit Ihren Füßen »Wurzeln schlagen«.

Schreiten Sie selbstbewusst voran, um die dritte Prüfung zu bestehen, indem Sie über eine weitere Form des Abschieds meditieren. Imaginieren Sie sich vom Leid geläutert und von der Bindung an Materielles gelöst. Sie sind ein Weiser geworden, befreit von jeder Anhaftung, halten Sie sich im Kreis Ihrer Freunde auf. Man hört Ihnen gerne zu, denn das Leben hat Sie gelehrt und geprüft. Sie sprechen aus Erfahrung und aus dem Herzen. So haben Sie nach dem Verlust der einen und der anderen Heimat wieder eine neue gefunden. Diesmal ist es eine geistige Heimat. Es ist ein spirituel-ler Kreis, der Sie veredelt und dem Himmel ein wenig näherrückt. Man tauscht die Gedanken in Respekt und Anerkennung und bestätigt sich und seine Welt. Dies erzeugt ein Wohlbefinden, so ohne Last und so leicht und frei, wie Sie es sich eigentlich schon immer erträumten. Jetzt sind Sie am Ziel. Ihr Geist ist frei wie ein Vogel und gleichzeitig in einer warmen, edlen Welt zu Hause.

Öffnen Sie Ihre Arme, als wollten Sie die Welt umarmen, atmen Sie den Duft der Freiheit.

Da geht die Türe auf, und ein dreister Kerl kommt herein. Er setzt sich mit zu der Runde, als ob er schon immer dazugehörte, und hört Ihnen zu. Er hört sehr konzentriert zu, wirft ab und an eine Frage ein und bedenkt Ihre Antwort. Er scheint ebenfalls ein Freund Ihrer Gedanken zu sein. Doch Sie werden nicht warm mit ihm. Er hat etwas an sich, das Ihnen missfällt, ohne dass Sie es benennen könnten. Es sind kleine, unscheinbare Gesten wie ein spöttisches Lächeln, eine gehobene Augenbraue. Sie reagieren darauf nicht und behalten Ihre feinsinnige Bemerkung für sich, aber Sie spüren in diesen Gesten doch zu deutlich das feine Gift des Hochmuts, das dem Traulichen die Wärme nimmt. So wird es von Begegnung zu Begegnung kälter. Schon bald gewinnt er mit einer kessen Lippe die Lacher der Gedankenlosen und Leichtferti-gen. Er wird Ihr Herausforderer, der sich jedoch jeder Konfrontati-on entzieht. Spürt er Ihren Widerstand, entwindet er sich aalglatt, um mit dem nächsten Wimpernschlag wieder eine Spitze anzubrin-gen. Das zuvor heimatliche Gefühl für diesen Kreis verkehrt sich in Widerwillen. Beständig denken Sie an Ihren Gegenspieler und daran, wie Sie ihn bezwingen könnten, und Sie beginnen, den zuvor geschlossenen Kreis in Freund und Feind zu teilen. Sie führen Schattenkämpfe und fantasieren nie geführte Streitgespräche. So kommt der Tag, an dem Sie Ihre Hand auf die Klinke der Türe zu Ihren Zusammenkünften legen und sie wieder zurückziehen. Wo Sie noch einmal zögern, um sich dann abzuwenden, und die Treffen verlassen. Sie sind dort nicht mehr zu Hause. Der Schmerz des Abschieds ist diesmal bitter und in grausamer Weise klirrend still. Erst wenn sich dieses Klirren verloren hat, werden Sie die Stille finden, die Ihnen Trost verspricht.

Der Anker für dieses Bild kann der **zerbrochene Ring** sein. Er kann Ihnen den Augenblick des Trostes näherbringen, wenn Sie sich emotional in einer vergleichbaren Situation wiederfinden, in der Sie kalte Verlassenheit erschreckt.

Legen Sie wärmend eine Hand in Ihre Halsgrube, so mildern Sie Verlassenheitsgefühle.

Anmerkungen

Die drei Formen des Abschieds, über die Sie hier meditierten, bieten sich selbstverständlich auch als einzelne Meditationsreisen an, die dann ausgiebiger begangen werden wollen. Wählen Sie sich hierfür das jeweilige Bild, das Sie in Ihrer konkreten Situation am ehesten anspricht, und vertiefen Sie es. Länger als 15 Minuten sollte eine solche meditative Betrachtung jedoch nicht dauern.

DIE WIRKUNG VON MEDITATIONSREISEN

Das schönste Glück des denkenden
Menschen ist, das Erforschliche erforscht
zu haben und das Unerforschliche
zu verehren.

Johann Wolfgang von Goethe

Einer Reise folgt die Erkundung

Vollkommene Meditation lässt uns in Weisheit zurück. Wir erfuhren Einsicht und verharren in Schweigen. Doch jede Weisheit will auch vermittelt werden. Darum folgt der Einsicht die Beschreibung. Ihr geht die Befragung voran. Das komplexe Geschehen während einer Meditation anschließend aufzuschlüsseln ist dabei eine fortgesetzte Erkundung. Sie stellt der Einsicht das Verständnis zur Seite.

Haben Sie sich selbst eine Meditationsreise zusammengestellt, werden Sie womöglich feststellen, dass eine solche Reise weit langsamer vonstatten geht, als Sie sich vorgenommen haben. Häufig kommt man über die ersten Schritte kaum hinaus. Dies ist grundsätzlich kein Fehler. Diese inneren Reisen sind ein Umgang mit Ihrer Seele. Das Miteinander-Wandern ist wichtiger als das Ankommen. Die Betrachtung Ihrer Seelenlandschaft hat an jedem Punkt Vorrang. Ihre Meditation ist keine Arbeit, die Sie erledigen müssen. Viele Menschen meditieren täglich und wandeln seit Jahrzehnten mit ihrer Seele. Es wurde ihnen dabei nie langweilig, und sie vermissten es nie, irgendwo anzukommen. Denn das Wandeln in sich ist bereits das Ziel. Sie kennen den Spruch: »Der Weg ist das Ziel.«

Einfach in das Innere horchen

Sie sollten deshalb Ihre Meditation auch nicht als schnellen Problemlöser missbrauchen. Zwar kann eine Meditation rasch zu einer brauchbaren Einsicht führen, doch wenn Sie nur zu diesem Zweck meditieren, nehmen Sie ihr den Glanz und die Muse, die eine tiefere Betrachtung mit sich führen würde. Gerade die Abwege und das Einkreisen auftauchender Gefühle machen Sie mit Ihrem Inneren in besonderer Weise vertraut. Der Erfolg solcher Innerlichkeit ist auf lange Sicht wesentlich ertragreicher als der schnelle Spurt zum Ziel. Dank der Anker können Sie zudem immer wieder an einen Ankerplatz zurückkehren und Ihre an dieser Stelle unterbrochene Meditation fortsetzen. Diese Anker konnten Sie in Ihrer Planung zuvor bereits festlegen. Es entstehen aber auch Anker während Ihrer Reise aus einer Situation heraus. Zum Beispiel, wenn Sie bei der Mustermeditation »Aus der Leere schöpfen« im Dachboden die nistenden Tauben entdecken, kann dies eine besondere emotionale Erinnerung bei Ihnen wecken, die Sie zögern lässt und zu der Sie wieder zurückkehren wollen. Merken Sie sich darum diesen Anker, und bauen Sie ihn auf einer anderen Reise wieder ein.

Schließlich müssen Sie, um einen solchen emotionalen Schwerpunkt zu untersuchen, nicht die gleiche Reise wiederholen. Ja, häufig hilft es Ihnen, wenn Sie sich ihm von einer anderen Seite und somit von einer andersgestalteten Reise her nähern.

Vorankommen ohne Drängen

Hilfreich ist es, wenn Sie sich nach einer Meditation Zeit lassen, bevor Sie die Reise analysieren. Dies können mal zehn Minuten, mal gar ein ganzer Tag sein. Sie spüren es selbst, wann die Euphorie abklingt und Sie so weit Abstand gewonnen haben, dass Sie sich dem Erlebten nähern wollen. Da die Zwiesprache mit Ihrem Inneren stets in Bildern geschieht, sind es auch die Bilder selbst, die Ihre Fragen beantworten. Hüten Sie sich dabei vor zu flotten Zuweisungen und Erklärungen. Fragen Sie sich vielmehr, was Ihnen an den Bildern zusagt, was Ihnen missfällt, was Sie schöner und was Sie dunkler haben wollten. Hierdurch machen Sie sich mit ihnen vertraut. Bleiben wir als Beispiel bei der ersten Reise »Aus der Leere schöpfen«. Da gibt es das Bild, wie Sie mit destruktiver Lust das alte Haus zerstören. Dieses Bild widerspricht womöglich Ihrem Selbstverständnis und berührte Sie deshalb besonders. Zu einem solchen Bild gibt es weit auseinanderstrebende Lösungsansätze. Einer wäre, dass Sie eine verborgene destruktive Seite in sich tragen. Dem entgegengesetzt wäre, dass Sie autoritätshörig sich dem Diktat der festgelegten Reise nicht zu widersetzen wagten. Ein dritter Ansatz könnte sein, dass Sie gerade diese Szene ermüdete, weil Sie die emotionale Falle erkannten, in die Sie stolpern sollten. Jeder Ansatz bietet weiterführende Erklärungen, mit denen Sie das Bild mehr und mehr ergründen. Ja, die Deutung gerät darüber beinahe selbst zu einer meditativen Nachbetrachtung. Ergreifen Sie dies als Chance für eine neue Meditationsreise. Skizzieren Sie dazu Ihre Gefühlsebenen, und arrangieren Sie einen assoziativen Kreis an Reizen. Andererseits kann es auch geschehen, dass Sie die Bilder Ihrer Meditation über einen längeren Zeitraum beschäftigen und sie während Ihrer folgenden Meditationen stets erneut aufziehen, obwohl Sie sie gar nicht heben wollten. Oft handelt es sich dabei um Schlaglichter, die Ihnen während der Reise gar nicht auffielen; knappe Bilder am Rande eines Geschehens, die hinter einem Gefühl hervorleuchteten und rasch wieder verdeckt wurden. Drängen Sie sich auch hier nicht nach raschen Antworten, die das Eigentliche, was ans Licht streben möchte, nur verdecken würden. Sondern vertrauen Sie auf die Intelligenz Ihrer Gefühle und Intuition, die genau wissen, wann der richtige Zeitpunkt ist, um das Verborgene sichtbar zu machen.

Schritt für Schritt

Erwarten Sie jedoch keine Sensationen. Viele seelische Blockaden und Verkrümmungen haben recht banale Ursachen. Das kann eine frühkindliche Kränkung oder die Neurose eines Elternteils sein, die man als Kind nicht verstand. Ebenso mag ein krankhafter Ehrgeiz oder eine infantile Verlassenheitsangst der Anlass sein, der so manches Bild in seinen verschiedenen Ausformungen nährt. Dennoch ist es für die eigene seelische Ausgeglichenheit bedeutsam, die Gründe für wiederholte emotionale Erschütterungen zu erkennen, auch wenn sie letztlich – weil erkannt – nur banal erscheinen. Denn wir fürchten uns oft mehr vor den riesigen Schatten als vor den Zwergen, die diese Schatten werfen. Jedenfalls lenkt Meditation Ihren Blick von den Schatten weg auf die Zwerge.

Der Weg ist das Ziel

Es lohnt sich deshalb, ein wenig systematisch vorzugehen, um die Qualität einer Meditation im Nachhinein zu erkennen.

● Vorrangig ist dabei die Frage nach Ihren **Gefühlen** vor, während und nach der Meditation. Vor allem dann, wenn es einen erkennbaren Unterschied zwischen Ihrem Gefühl davor und danach gibt, war Ihre Meditation ein Erfolg; selbst dann, wenn Sie sich danach schlechter fühlen als

zuvor. Denn dies wäre ein klares Zeichen dafür, dass Ihre Meditation etwas löste, was Sie in sich verborgen oder unnötig festgehalten haben. Es ist ein Zeichen für eine Krise. Jede Krise aber trägt auch die Chance zur Veränderung in sich. Ergreifen Sie sie. Falls Sie unsicher sind, wohin Sie der Weg führt, versenken Sie sich erneut in dieses Thema.

● Harmonisierte und beruhigte Sie die Meditation, war sie zweifelsohne von Nutzen. Genießen Sie in der Folge das **Wohlgefühl**. Suchen Sie später nach dem Grund, von dem Sie annehmen, dass er Sie entspannte. Womöglich liefert er Ihnen ein Schlüsselsymbol, mit dem Sie diese Entspannung erneut anregen können. Solche Schlüsselsymbole können Ihnen auch zum Begleiter späterer Meditationen werden. Rufen Sie sie sich bei Bedarf in Erinnerung, oder legen Sie sie zu den Accessoires, die Ihre Stimmung temperieren.

● Stellen Sie sich auch Fragen zum **Ablauf** Ihrer Meditation. War zum Beispiel das Thema für Sie von Bedeutung? Waren Sie bei der Sache, oder glitten Ihre Gedanken ab? Waren Sie während Ihrer Meditation nervös und unaufmerksam, hatten Sie sich womöglich nicht gut genug auf sie eingestimmt. Oder aber Sie wollten die aufkommenden Gefühle nicht zulassen. War hingegen das Thema für Sie bedeutungslos, sollten Sie sich fragen, warum Sie sich trotzdem mit dieser Reise beschäftigten und nicht von Ihrem Kurs abwichen und sich dem Strom der Meditation anvertrauten, auf dass er Sie an andere Ufer führte. Was erhofften Sie sich also von Ihrer Versenkung? Schließlich beschäftigen wir uns kaum freiwillig mit Dingen, die uns nicht interessieren.

● Spannend ist auch die Frage nach der **Übereinstimmung** der meditativen Bilder und Ihrer Gefühle. So kann es vorkommen, dass Sie ein schönes Bild traurig stimmt, während Sie ein trauriges vergnügt. Diese Unstimmigkeit verrät womöglich einen inneren Konflikt, den Sie in Ihrem Leben bislang nicht auflösen

mochten. In jedem Falle weist er auf das Prinzip von Täuschung und Enttäuschung hin. Finden Sie keine überzeugende Lösung, sollten Sie bei Ihrer nächsten Versenkung über diesen Zerrbildern meditieren.

● Ein anderer Punkt sind **wiederkehrende Bilder** und **Sinneseindrücke** während einer Meditation, zum Beispiel sich wiederholende Gerüche. Dahinter verbirgt sich oft ein ziemlicher Gefühlsknoten, der gelöst werden will. Diese Bilder sind Aufforderungen, sich länger mit ihnen zu beschäftigen. Sie kehren immer wieder, weil sie noch unverstanden sind. Häufig verändern sie sich auch. So kann zum Beispiel das Bild einer verschlossenen Tür zur Schranke oder zum Graben werden. Wir erkennen sie vor allem an der Gleichartigkeit der Gefühle wieder, mit denen sie verknüpft sind. Somit bestätigt sich zum Schluss das Motto: »Der Weg ist das Ziel.« Meditation ist ein Voranschreiten auf diesem Weg, auf dem Sie die Weisheit begleitet.

Jeder Anker hat zwei Flanken

Wenn Sie während Ihrer Meditation einen Anker gesetzt haben, der Sie stark berührte, kann er auch zu einem Symbol werden, das in Ihren Alltag wirkt. Denn mit seinem gedanklichen Abruf rufen Sie auch die Stimmung ab, die sich mit dem Symbol verband. Sie provozieren somit ein gleichwertiges Gefühl. Dieses Gefühl temperiert dann die augenblickliche Situation. Haben Sie zum Beispiel in einer Meditation für lebendigen Mut einen Stier als Anker und Symbol gewählt, so hilft Ihnen sein Bild, dass Ihnen der einmal meditierte und jetzt erforderliche Mut zufließt. Sie sollten allerdings in einer eigenen Meditationsreise ebenfalls über das Symbol selbst meditiert haben. Denn ebenso, wie die vier Temperamente, auf denen diese Reisen aufbauen, widersprüchliche Gefühle abdecken, ist beinahe jedes Symbol auch mehrdeutig und widersprüchlich.

So ist der Stier, um beim Beispiel zu bleiben, sowohl ein Symbol für die Sonne als auch für den Mond und folglich eine androgyne Kraft, die sich mal streitbar mal passiv, mal drängend mal launisch darstellt. Sie sollten darum auch um die beiden Seiten eines Symbols wissen, damit Sie seine Energie im Ganzen ausschöpfen können. Dieses Wissen ist einerseits längst in Bücher gebunden. Andererseits schöpft es sich aber auch aus der direkten Erfahrung während Ihrer Meditationen. Insofern bieten die während Ihrer Meditation gesetzten Anker stets Anreiz genug, um über ihre Symbolkraft zu meditieren. Fragen Sie sich also, was an dem ausgewählten Anker Ihnen angenehm und dienlich ist, was unangenehm und hinderlich. Häufig ist es dabei so, dass das störende Element zugleich die Einschränkung benennt, gegen die der Anker wirksam eingesetzt wurde – ganz nach dem Prinzip: Gleiches mit Gleichem zu heilen. In der Meditation darüber zeigt sich dann, dass die Erhellung der eigenen Schattenseite und Furchtsamkeit Lösungen aus sich heraus ermöglicht. Dass diese nicht monopolar, sondern dualistisch angelegt sind, belegt den heilen Charakter jeder Meditation.

Register

Impressum

Der Autor Matthias Mala, geboren 1950, arbeitet seit 1977 als freischaffender Künstler und Schriftsteller. Er schrieb Hörspiele, Comics, Lyrik und veröffentlichte über 70 Bücher, darunter zahlreiche Werke zur Lebenshilfe. Schon seit langer Zeit beschäftigt er sich mit Meditationsreisen und weißer Magie.

Bibliografische Information der Deutschen Nationalbibliothek

Die Deutsche Nationalbibliothek verzeichnet diese Publikation in der Deutschen Nationalbibliografie; detaillierte bibliografische Daten sind im Internet über http://dnb.d-nb.de abrufbar.

© 2008 Knaur Ratgeber Verlag
Ein Unternehmen der Droemerschen Verlagsanstalt Th. Knaur Nachf. GmbH & Co. KG, München. Alle Rechte vorbehalten.

Bei der Anwendung in Beratungsgesprächen, im Unterricht und in Kursen ist auf dieses Buch hinzuweisen.

Wichtiger Hinweis

Die im Buch veröffentlichten Ratschläge wurden von Verfasser und Verlag mit größter Sorgfalt erarbeitet und geprüft. Eine Garantie kann jedoch nicht übernommen werden. Ebenso ist eine Haftung des Verfassers bzw. des Verlages und seiner Beauftragten für Personen-, Sach- oder Vermögensschäden ausgeschlossen.

Bildnachweis
Umschlagfoto: Gisela Rüger, München
Illustrationen: Gisela Rüger, München

Projektleitung: Bettina Huber
Redaktion: Petra Hirscher
Bildredaktion: Sylvie Busche (Ltg.),
Markus Röleke
Herstellung: Veronika Preisler
Umschlaggestaltung, Layout und Satz:
griesbeckdesign, München
Reproduktion: Repro Ludwig, A-Zell am See

Printed in China

ISBN 978-3-426-64562-8

5   4   3   2   1

Bitte besuchen Sie uns auch im Internet unter der Adresse:
www.knaur-ratgeber.de

Zur Benutzung der beiliegenden CD

Auf der beiliegenden CD finden Sie vier ausgewählte Meditationsreisen aus diesem Buch. Sie sind ohne Kommentierung gesprochen, so dass Sie sie gleich als fertige Reise benutzen können.

Diese Meditationen wurden ausgewählt:

1. Kraft schöpfen und Mut fassen, Seite 61
2. Mit meiner Welle gleiten, Seite 77
3. Mein bester Freund sein, Seite 93
4. Innere Zufriedenheit finden, Seite 102

Pro Tag sollten Sie für Ihre Meditation nur eine Reise auswählen; ansonsten täten Sie zu viel des Guten. Achten Sie darauf, dass Sie während Ihrer Meditation ungestört bleiben. Schalten Sie Ihr Handy ab, hängen Sie das Telefon aus. Sorgen Sie für eine angenehme Atmosphäre im Raum. Setzen oder legen Sie sich bequem hin, so dass Sie körperlich entspannt der Stimme folgen können. Je nachdem, welche Reise Sie sich anhören, lesen Sie bitte die im Buch empfohlenen Vorbereitungen, und stellen Sie die dazugehörigen Accessoires bereit, damit Ihre geführte Reise entsprechend an Tiefe gewinnt. Hilfreich für den Energiefluss während der Meditation ist auch die jeweils empfohlene Stimulation.